文化多元化视域中当代社会文化研究

WENHUADUOYUANHUASHIYUZHONG
DANGDAISHEHUIWENHUAYANJIU

康 洁 胡雨霞 刘冬雪 著

辽宁人民出版社

© 康洁　胡雨霞　刘冬雪　2023

图书在版编目（CIP）数据

文化多元化视域中当代社会文化研究 / 康洁，胡雨霞，刘冬雪著. —沈阳：辽宁人民出版社，2023.6
ISBN 978-7-205-10731-4

Ⅰ.①文… Ⅱ.①康… ②胡… ③刘… Ⅲ.①文化研究—中国—现代 Ⅳ.①G12

中国国家版本馆 CIP 数据核字（2023）第 042486 号

出版发行：辽宁人民出版社
　　　　　地址：沈阳市和平区十一纬路 25 号　　邮编：110003
　　　　　电话：024-23284321（邮　购）　　024-23284324（发行部）
　　　　　传真：024-23284191（发行部）　　024-23284304（办公室）
　　　　　http://www.lnpph.com.cn

印　　　刷：辽宁新华印务有限公司
幅面尺寸：170mm×240mm
印　　　张：13.75
字　　　数：209 千字
出版时间：2023 年 6 月第 1 版
印刷时间：2023 年 6 月第 1 次印刷
责任编辑：祁雪芬
装帧设计：姿　兰
责任校对：吴艳杰
书　　　号：ISBN 978-7-205-10731-4

定　　　价：68.00 元

目录

第一章 文化与文化多元化的相关界定

第二章 关于文化多元化的思想

第三章　网络信息文化与当代人的发展

第四章　当代中国大众文化的人文提升

第五章　新时代我国乡村文化多样发展

第六章　当代中国社会文化多元化的思考

第一章
文化与文化多元化的相关界定

第一节　文化的界定和特征

一、文化概说

（一）什么是文化？

在文化的概念上，东方、西方的理解有着很大的差异，但有个共同的东西，就是都谈到了文化就是人和自然相区别。进一步理解文化，即在人与自然的二重关系方面，东方、西方文化是有所差异的。

汉语中所说的"文化"原是一个动词的概念，表示能动。它是效仿"天文"规则而形成的"人文"。它具有强大的化育万物、改造万物的力量。中国的传统说法是"人文化成"，简称"文化"。《易经·贲卦》中有一句话"观乎人文，以化成天下"，这是关于文化在中国能够找到的文本记载中相对较早的解释，这是一个由人到物的运思方式。从这种思考方式，我们马上就会联想到孟子的一句话，"万物皆备于我，反身而诚，乐莫大焉"，意思就是首先要先正心诚意，再格物致知，这是由人由主体向外的运思方式。总之，中国古代关于"文化"的概念，是属于精神文明范畴的，它大约是指文治教化的总和，是与天造地设自然相对应的。而现代意

义的"文化",则是借助日本的译介注入了西方的内涵。^①

一些中国学者把文化分为物态文化、制度文化、行为文化、心态文化等几个层面。著名学者冯天瑜提出,"把文化划分为技术体系和价值体系两级。技术体系指人类加工自然造成的技术的、器物的、非人格的客观的东西;价值体系指的是人类在加工自然、塑造自我的过程中形成的规范的、精神的、人格的、主观的东西。技术体系和价值体系又经过语言和社会结构组成文化统一体。这个统一体就是文化"^②。广义的文化包括多个领域,诸如认识的语言、哲学、科学思想、教育;规范的道德、信仰、法律;艺术的文学、美术、音乐、戏剧、建筑的美学部分;器用的生产工具、衣食住行的器具以及制造这些工具和器具的技术;社会的制度、机构、风俗习惯等等方面。^③"在这里,文化的价值体系相当于狭义的文化,它与特定的生产方式和生活方式相适应,构成以语言为符号传播的价值观念和行为准则。这种观念形态的文化或精神文化,与经济和政治相对应,是社会的经济和政治的反映,又给予巨大影响和作用于社会的经济和政治。狭义文化即观念形态文化,作为信息的传播及保存系统,具有知识性特征,它是对广义文化的记载。观念形态的文化知识,记录了人类历代的文化创造和文化传播的内容,成为人类文明成就得以传承的载体,成为无限广大的,不停流逝着的广义文化的摹本。"^④

社会意识是社会生活的精神方面,根据不同的层次,社会意识可分为社会心理和社会意识形式。社会心理是低层次的社会意识,是自发的、不系统的、不定性的社会意识^⑤,是人们日常的精神状态和道德面貌,是尚未

---

① 谢晓娟. 文化多样性与当代中国软实力建设 [M]. 北京:人民出版社,2015:10.

② 冯天瑜. 文化守望 [M]. 武汉:武汉大学出版社,2006:29.

③ 冯天瑜. 关于"文化"与"文化史"的思考 [J]. 湖北大学学报(哲学社会科学版),1988(05).

④ 冯天瑜.文化守望 [M]. 武汉:武汉大学出版社,2006:30.

⑤ 本书编写组. 马克思主义基本原理 [M]. 北京:高等教育出版社,2021:114.

经过理论加工和艺术升华的流行的大众心态，表现为人们的感知、情绪、情感、心态、愿望、习俗、风尚等，以感性认识为主。而社会意识形式是高层次的社会意识，是自觉的、系统的、相对稳定的社会意识，它们是由文化专家进行理论或艺术处理的，并以物化形态固定下来，传播开来。社会意识形式深刻反映社会存在，以社会心理为基础，并对社会心理起指导和影响作用，有意识形态和非意识形态之分。意识形态是指反映一定经济关系、政治关系，以及一定阶级或社会集团利益和要求的思想体系，是社会意识诸形式中构成观念上层建筑的部分。主要包括政治法律思想、道德、艺术、宗教、哲学等。自然科学和语言学、形式逻辑等一部分社会科学不具有社会经济形态和政治制度的性质，不反映特定社会集团的利益和要求，不服务于特定经济政治制度和特定阶级，因而属于非意识形态。[①]

　　文化的诸多层次构成了文化的统一体。这个统一体既是前代文化历史性的积累物，具有遗传性和稳定性，同时又在变化着的生态环境影响下，发生着变化和重建，具有变异性的特征。[②]一般而言，与生产力直接有关的物态文化变化节奏较快；由社会专家加工创造的注入丰富个性色彩的种种社会意识形态，由于是创造性思维的产物，往往具有活跃的变异性。而社会心理是注入隐藏在大众生活中的价值观念、审美情趣、思维方式所构成的"民族性格"，则难以自觉把握和运作，从而具有较强的稳定性和延续性，这也被人们称为"文化的深层结构"。[③]

　　在西方，人们对于文化的理解，不论是拉丁文化，抑或希腊文化，对于文化最初的解释，都是指开垦、培育动物及栽培植物。"文化"一词在西方，来自拉丁文的"cultura"。最早可追溯的词源是"colere"，具有居住、

　　① 本书编写组. 马克思主义基本原理［M］. 北京：高等教育出版社，2021：114.

　　② 冯天瑜. 关于"文化"与"文化史"的思考［J］. 湖北大学学报（哲学社会科学版），1988（05）.

　　③ 谢晓娟. 文化多样性与当代中国软实力建设［M］. 北京：人民出版社，2015：11-12.

栽培、保护和朝拜的意思。"文化"最初是指开垦及栽培植物①，后来用于指人的身体和精神，特别是指通过人们的辛苦劳作所创造出的物质、精神以及知识财富。因此，可以说"文化"是一个包罗万象的范畴，至今，学术界关于"文化"还是众说纷纭，学者们往往会从政治、伦理、历史、民族、人类等多种角度来解读各种文化现象，这也造就了关于文化概念的丰富多彩。例如，早在1950年，美国著名人类学家克虏伯列举的文化定义就超过170多种。"美国两位最著名的人类学家克虏伯和克里特·克拉克洪不久前进行的调查，列举了'文化'一词的161种定义，随后出现的定义还不算在内。"②我们都知道，文化的内涵总是随着时代的变化处于不断的更新过程中，因此，要给文化确定概念是有难度的，人们很难去寻找一个适应所有时代和所有民族的固定的文化定义。

加拿大文化人类学家D.保罗·谢弗在他的《文化引导未来》中提出了关于定义文化概念的机构法、实践法、理论法和概念法等方法。他认为机构法包括政府、公司、基金组织和教育机构表达和定义的方式。机构对于文化的定义，指一般为了运作、管理和控制的目的而狭隘地表达文化定义，而且历史上也充满了政府、公司和媒体将文化用于宣传、帝国主义掠夺或商业目的的例子。从这个角度界定文化一般都把艺术、文化遗产和出版、广播、电视、电影、录像等纳入文化的范畴。③实践法把重点放在人们在公众和私人谈话中使用术语"文化"的方式上，通过倾听交谈以及检查文章、书籍、杂志和其他文献中使用这一术语的方式可以看出这一点。但是，其存在的问题是使用比较混乱、含糊和有争议。理论法是强调一种抽象的理念或原始模型，狭义地或广义地、直接地或间接地把文化定义成纯精神形式、理念、产品、过程、体制、结构、活机体、人工制品、神话或

① 陈永华. 大学生文化自信研究 [D]. 沈阳：辽宁大学，2019.
② ［法］费尔南·布罗代尔. 资本主义论丛 [M]. 顾良，张慧君，译. 北京：中央编译出版社，1997：129.
③ 陈桓辉. 文化强省战略研究 [D]. 北京：中共中央党校，2010.

文明。理论法虽然具有理论性和逻辑性，但是，由于各理论家对文化的表述和定义不同，造成一系列令人困惑的对文化的不同看法和定义。概念法是从哲学概念、艺术概念、教育概念、心理学概念、历史概念、人类学概念、社会学概念、生态学概念和生物学概念来界定文化的概念。① D. 保罗·谢弗认为，"每一种概念对综合理解文化的性质、范畴、研究内容、复杂性、错综性、特异性都很有帮助，因此反过来也有利于对这些概念的研究"②。D. 保罗·谢弗从历史和概念的角度梳理了不同历史时期对文化的不同界定，这有助于我们从总体上把握文化的含义，有助于我们对文化的理解。最早对文化的界定来源于哲学概念。从哲学概念理解文化，就是把文化等同于智力的开发，同时也强调教育和培育。文化的艺术概念可以追溯到中世纪和文艺复兴时代，当时文化通过术语与文学和艺术相联系。大多数国家都把艺术作为文化最本质的东西。艺术也被认为是创造和寻求真理的化身。文化的教育概念比较古老，认为是教育和学习，因为意识和精神是由于接触到大量的知识和智慧而受到的启发。这种教育不仅包括正规教育，也包括了所有形式的半正规和非正规的教育和学习。到了19世纪中叶，出现了文化的心理学概念，是将文化的教育概念、艺术概念和哲学概念合并在一起而形成的。③

文化的历史概念出现于19世纪末。文化的历史概念有两种，分别是广义的历史概念和狭义的历史概念。"一般来说，文化作为描述性的概念是指人类创造并积累起来的宝库：书籍、绘画、建筑物等等；调整以适应我们的环境的方法知识；经过几个时代已经建立起来的语言、习俗、礼仪、伦

---

① ［加拿大］D. 保罗·谢弗. 文化引导未来［M］. 许春山，朱邦俊，译. 北京：社会科学文献出版社，2008：15-18.

② ［加拿大］D. 保罗·谢弗. 文化引导未来［M］. 许春山，朱邦俊，译. 北京：社会科学文献出版社，2008：18.

③ 谢晓娟. 文化多样性与当代中国软实力建设［M］. 北京：人民出版社，2015：13.

理、宗教和道德体系。"①文化的历史概念强调这样一个事实，即人是大量历史遗产的继承人，这些遗产是所有希望和恐惧、梦想和行为、知识和智慧、洞察力和理念、实物和人工制品以及我们祖先有形和无形的成就的总和。②

1871年，英国文化学家爱德华·泰勒（E. B. Tylor）在其《原始文化》一书中第一次给"文化"下了明确的定义："文化，就其在民族之中的广义而言，是一个复合的整体，其中包括知识、信仰、艺术、法律、道德、习俗以及个人作为社会成员所必须掌握的其他能力和习惯。"泰勒的定义是文化的比较经典的定义，在这个定义里没有数学、物理、化学、工程、技术、天文、地理等这些概念，它把文化更多地定义在人文的范围之内，文化是知识、信仰、艺术、法律、道德、习俗、能力。广义的文化是人类精神文明和物质文明的总和，但狭义的文化就是一个人文概念。比如我们的文化厅或者文化局，它是不管科技的，它所管的是戏剧、表演、文学艺术创作、工艺美术等。

文化社会学概念的出现。"文化，这个意思老在变化的词，这里使用它更为广泛的社会学含义，是指属于人民的社会遗产的人为产物、商品、技术过程、理念、习惯和价值。如此，文化包括所有有学问的行为、知识、社会组织和语言、各种价值体系—经济体系、道德或精神体系。特定文化的基础是它的法律、经济结构、宗教、艺术、知识和教育。"③文化的社会学概念中隐藏着一些特性，首先，是对各种文化价值、各种价值体系、模式和主题的看法，其次，是强调信仰和行为。也就是说，无论是作为家庭成员、社会成员、少数民族群体，还是作为一个阶级、一个社会或一个种

---

① ［加拿大］D. 保罗·谢弗. 文化引导未来［M］. 许春山，朱邦俊，译. 北京：社会科学文献出版社，2008：24.

② 陈桓辉. 文化强省战略研究［D］. 北京：中共中央党校，2010.

③ ［加拿大］D. 保罗·谢弗. 文化引导未来［M］. 许春山，朱邦俊，译. 北京：社会科学文献出版社，2008：27.

族的成员都共享一些共同的价值、标志和信仰。①

　　随着生态环境保护问题的突出，以及人与自然的紧张状态的加剧，文化的生态概念和生物概念也开始出现。文化的生态学概念不是把文化看成是人创造的总和，而是看成人与自然环境之间的象征性的关系。从这个角度看，文化是人与自然环境之间交互作用的过程。②在一定意义上说，文化的生态概念是环保运动的产物，它强调的是人类要更加懂得自然对文化形成所起的作用，以及人类对各种各样的植物、动物、蔬菜和矿物质的依赖性。文化的生物学概念则提出文化不限于人类，也包括其他物种，根据这一概念，所有的物种都有文化，也就是说，人所理解的文化并不限于人类，而且还包括其他物种。文化的生态学概念和生物学概念的出现是环保运动的出现及人类日益认识到自身和其他物种之间的基本联系的结果。③

　　还有的学者对于文化有全新的解释，认为文化是一种信仰，一种理想，是对美好事物的追求。如马修·阿诺德就指出："文化之于信仰，是让天道和神的旨意通行天下，是完美，文化即探讨、追求完美。一旦认清文化并非只是努力地认识和学习之道，并且还要努力诉诸实践，使之通行天下，那么文化之道德的、社会的、慈善的品格就显现出来。"④同时，阿诺德还认为，文化虽然是人的事，但是"文化心目中的完美，不可能独善其身。个人必须携带他人共同走向完美，必须坚持不懈，竭尽所能，使奔向完美的队伍不断发展壮大"⑤。同时，文化也是民族的希望和未来。他认为"追求完美就是追求美好和光明。文化懂得在粗陋的大众普遍得到美好与光

　　① 谢晓娟. 文化多样性与当代中国软实力建设［M］. 北京：人民出版社，2015：15.

　　② 陈桓辉. 文化强省战略研究［D］. 北京：中共中央党校，2010.

　　③ 谢晓娟. 文化多样性与当代中国软实力建设［M］. 北京：人民出版社，2015：15-16.

　　④ 陶水平. 马修·阿诺德与英国现代文化批评学科的先声［J］. 中国中外文艺理论研究，2015（10）.

　　⑤ ［英］马修·阿诺德. 文化与无政府状态：政治与社会批评［M］. 韩敏中，译. 北京：生活·读书·新知三联书店，2002：10-11.

明的点化之前，少数人的美好与光明必然是不完美的。当一个国家出现全民性的生命和思想的闪光时，当整个社会充分浸润在思想之中，具有感受美的能力，聪明智慧，富有活力——这便是人类最幸运的时刻，是一个民族生命中的标志性时代，是文学艺术繁荣发达、天才的创造力流光溢彩的时代"①。

除此之外，当代的很多学者也从各自的角度提出了对文化概念的理解，这些概念也有助于我们从更加丰富的角度理解文化的内涵。根据英国文化批评家雷蒙·威廉斯的归纳，文化往往具有三种定义：一种是理想性定义，指人类的完美理想状态或过程；另一种是文献性定义，指人类的理智性的想象性的作品记录；最后一种是指社会性定义，是人类的特定生活方式的描述。②而美国当代批评家杰姆逊认为文化的定义为：其一，文化是指"个性的形成或个人的培养"；其二，文化是与自然相对的"文明化了的人类进行的一切活动"，属于人类学概念；其三，文化是指与贸易、金钱、工业和工作相对的"日常生活中的吟诗、绘画、看戏、看电影之类"的娱乐活动。③还有学者认为文化是由语言、物质性特质、艺术、雕塑、绘画、音乐、神话与科学知识、宗教活动、家庭与社会制度、财产、政府海外战争等因素构成，以克拉克·威斯勒为代表。

总而言之，在理解文化这个概念的时候，结合对这个概念的上述历史追寻，以及从中透露出的对文化的各种理解，我们可以清楚地看出，文化概念演变的过程，其实也是人们对文化现象认识不断深化的过程。这种过程是与现实发展相契合的。从对文化的某一个角度的理解到对文化的整体性的理解，从对文化的表现方式的理解到对文化内涵的理解，都体现了人

---

① 陶水平. 马修·阿诺德与英国现代文化批评学科的先声［J］. 中国中外文艺理论研究，2015（10）.

② 王一川. 理解中国"国家文化软实力"［J］. 艺术评论，2009（10）.

③［美］弗·杰姆逊. 后现代主义与文化理论［M］. 唐小兵，译. 西安：陕西师范大学出版社，1986：2-3.

们对文化的理解在不断深化。同时，随着现代性危机的出现，人们对文化的反思也越加深刻。文化是人们的生活方式与生存方式的体现，是历史积淀的结果，也是时代物质生活在精神领域的折射与透视。文化是一种极其复杂的现象，它产生作用的最基本领域，就是改造客观世界，协调群体关系，满足自身情感，涉及自然、社会以及人自身这三个基本领域，并在这样一个实践过程中，表现出人的特征、风格和基本的生活样式。文化是人们自觉行为的产物，自发生成的结果，文化的概念相当复杂，在这里，我们把文化界定为从精神角度上使用的概念。文化以价值观、信仰、思想、行为方式、社会制度等为主要范畴。

（二）文化与文明的区别与联系

在生活中，文化和文明往往是不加区别地使用，实际上，这两个词有很大的区别。简要来说，文化是一个相对中性的概念，而文明却是一个具有价值指向的概念。举个例子，人们说某某很有文化，某某是个文化人，这就是一个中性表达，并没有说明这个人是好人，还是坏人，它代表的不过就是这个人读了好多书，有较高的学历等。如果换一种表述，某某很文明，这里就有一种价值指向，当人们说某某文明的时候，他绝不是野蛮，绝不是粗鲁，绝不是非常低俗。文化和文明的意义，大家就能直观地区别出来了。所以，我们说，文明是一种文化的积淀，而且它是人类文化的正价值取向。文明代表了文化发展所达到的水平和成就。我们今天说的先进文化，从根本来讲就是文明。

但是文明还有一个层次。当我们谈到文化的时候，是和自然对应的，文化就是人与自然相区别。而文明对应的反义词是野蛮，文明与自然之间没有必然的交叉关系。实际上，野蛮也是一种文化的形态，也是文化的一种表现形式。当我们说这个人很野蛮的时候，它恰恰指的也是人的活动的结果，而且文明与野蛮往往具有相对的意义，就是说，今天被我们称为文明的东西，事过境迁，它可能就变成了野蛮的东西。想当年，三寸金莲被作为女人美丽的非常重要的标准，今天我们再来看三寸金莲，你还感到它文明吗？它就变成了摧残人性了。因此我们说，文明是一元的，它以人的基本需求和全面发展为共同的尺度，文明往往具有可通约性，而文化更多的是一种现象描述，具有不确定性。

虽然文化与文明两个概念有所不同，但是它们之间是有重叠的，大多数时候我们不便刻意去区分两者。在一般情况下，文化与文明是可以替换使用的，在本书研究中基本上是在同一含义上使用，即文化的含义局限在精神领域范畴，包括价值观、信仰、思想、生活方式、社会制度等。

二、文化的特征

文化蕴含着丰富的内涵，我们要理解文化就要从其特征入手，归纳总结为以下几点。

（一）认同性与冲突性

首先，文化是认同性的存在。"没有认同人简直活不下去，无论是个人、社会团体、社区、地区，还是国家都是如此。认同深深扎根在人的心理和文化状态中。"[①]认同就是相似性，因为认同是通过承认把人结合在一起的公共纽带和共享经历获得的。同样，没有差异也就没有认同，认同是相似性和差异性的微妙的平衡和统一。[②]文化正是通过共同的价值观、价值体系、共同的历史记忆和文化符号把单个的个体连接为一个整体、一个群体和团体。文化所形成的认同具有巨大的凝聚力。认同为人提供集体行动的理论依据，也是一个群体区别于另一个群体的显著标志。[③]文化认同既是历史的遗传，也可以通过现代的方式进行构建。现代社会，任何一个国家都通过文化来构建人们对于国家、民族的文化认同。当今社会，文化认同

[①] ［加拿大］D. 保罗·谢弗. 文化引导未来 ［M］. 许春山，朱邦俊，译. 北京：社会科学文献出版社，2008：58-68.

[②] 谢晓娟. 文化多样性与当代中国软实力建设 ［M］. 北京：人民出版社，2015：19.

[③] 杨艳伶. 跨族际视阈下藏族作家的西藏叙事 ［J］. 西南科技大学学报（哲学社会科学版），2019（02）.

受到了传统价值遭到破坏的侵蚀，也遭到了当代技术和大众媒介的冲击，更面临着全球化的挑战，人们的认同在不断减少，以至于出现了认同危机。其次，文化是冲突性的存在。文化的认同性与文化的冲突性是相伴而生的。文化认同表达了信仰、态度、权利和责任，它们也可以迅速变成冲突和对峙。这种冲突可以在一国内部表现出来，也可以在国家与国家之间表现出来。在一国内部，缺乏对差异文化的尊重和理解就容易造成文化的冲突，从而造成认同危机。因此，一切确保所有公民和团体共享足够多的符号、标志、信仰和价值，都可以将人们凝聚在一起；在国家与国家之间，则需要跨文化的沟通与交流才能避免文化间的冲突不断演化，甚至成为恶化国家间关系的导火索。

（二）变化性与稳定性

首先，文化是变化性的存在。文化总是处于不断变化之中，即使是较为静态的、较为稳定的文化，也无时不在变化之中。这是因为一种文化在接触其他文化的过程中会发生流转和变迁。同时，人们的生活方式和物质生活的变化发生在资本主义生产方式确立之后，文化在全球的交往以前所未有的方式和程度展开。文化演变是其最核心部分的演变，也就是知识和态度的演变，随之而来的是社会行为和行为方式的演变，在这个演变的过程中，实现了创造性的转化。成功的演变在于变迁的过程中，能够始终继续保持对原有文化的认同。① "文化是一个具有自觉意识的人类的创造，是一个有机的生命过程，是一种可以传承、传播、分享和发展的动态体系。这一体系的运作基础是新陈代谢，也即与赖以生发的生态环境进行物质的、能量的、信息的交换。一旦这种呼吸吞吐的交换过程衰减以至终结，某一文化便趋于败落以至死亡……一切依然活跃的文化，必然是不断与生态环境进行物质、能量、信息的交换，保持一种空间向度的传播和时间向

---

① 杨艳伶. 跨族际视阈下藏族作家的西藏叙事 [J]. 西南科技大学学报（哲学社会科学版），2019（02）.

度的承袭相结合的周流不息、生生不已的代谢过程。"①文化的变化主要是因为"社会场"的存在。人类在创造文化过程中形成全部的社会关系与信息的总和发生交换，利用语言和非语言共同构成的符号系统承接前辈和他人的积淀的经验，使新一代的文化创造得以在较高的起点运行和升华。②变化并不总是意味着进化。有些变化还意味着倒退。而决定这一方向的是文化间关系的种类和各个文化的发展水平。文化变化的作用和意义在于通过更有效地利用资源而获得能力，通过借鉴其他社会组织和其他的意识形态而得以进化，并通过传播而获得有利因素，通过这种分化和辐射、同化和发展的过程，新的文化因素得以产生。但是，由于文化是系统性的存在，所以又趋向于稳定和自我维持，即使是迫于外来压力时也不断发展特殊内涵，努力保持其基本的结构和方向。尽管如此，文化也是处于不断发展之中，适应性本身就是变化的表现形式，即使是适应，也是为了保持其内涵，但是，在这个过程中，文化却得以发展。

其次，文化又是稳定性的存在。文化中的观念系统有天生的保守性和怀旧性。它们从过去的历史中获得权威和证明。而大多数的理想观和价值观具有持续性和不变性。文化具有保持现状的倾向，也可以在历史、考古和人种之中得到证明。文化传统、特定文化和特定因素或性质都具有持续性，也就是所说的生存力和惯性，这也就是稳定性原则。当然，稳定性原则还有另外一个含义，即当一种文化受到外力作用而不得不有所改变时，这种变化也只会达到不改变其基本结构和特征的效果。任何文化都具有适应性，但是同时也具有稳定的功能。③

最后，正是由于文化有可变性和稳定性的双重特性，文化间才形成了传播、借用、渗透、扩张、冲突、征服、战争等这些错综复杂的关系。一

---

① 冯天瑜. 文化守望［M］. 武汉：武汉大学出版社，2006：81.
② 周妍. 城市传播理念与路径研究［J］. 当代传播，2012（03）.
③ 谢晓娟. 文化多样性与当代中国软实力建设［M］. 北京：人民出版社，2015：22.

些文化在文化的交融中实现了新的内涵和新的发展。比如"印度佛教与中国文化的会通，是一个外来宗教与原有本土文化所交流融合的成功范例。中国以往与外来文化接触，印度佛教当然要算是最重要的。佛教是在西汉末年传入中国的，之后和中国固有的传统思想，主要是儒家思想和道家思想，还有原有的传统宗教相接触、斗争和融合。这不仅导致佛教本身的改造、变化和发展，从而形成了具有中国特质的中国佛教；另一方面，也对中国文化产生了一种催化作用，促使中国人的人生观、思维方式，以至于文学、艺术都相应发生了重大的变化"①。佛教对中国文化的影响既有表层的，如对艺术、文学、风俗等的影响；也有深层次的，就是对价值观和信念所构成的世界观和人生观等的影响。"一部分人的人生观，的确是在追求逍遥之境。这种阻断人对尘世的关怀，使个体心智进入一种清虚无障的空灵之境的修炼方式，固然是渊源于老庄思想，却是由禅宗佛学完成的。换句话说，禅宗大大推进了道家适意逍遥的精神，强化了中国儒道精神中自然本性的自足立场。"②中国传统文化对佛教的吸收和改造，显示了中国传统文化的充分开放性、高度坚韧性和善于消化的能力，表现了中华民族强大而鲜明的主体意识，实现了成功的文化交流。

（三）统一性与多样性

首先，文化是统一性的存在。对于文化的主体来说，文化成为区别群体的显著标志，文化是统一的整体，是具有完整的结构和鲜明特征的整体。在认为人类文化是统一体的观点中，生物学的观点比较突出。这一观点认为任何一种文化都是建立在人类的生物学的基础上的，无论多么复杂的文化都必须永远建立在生物学的基础上。人类文化之所以是一个统一体，是因为各种不同的文化之间有着共同的生物学基础，构成了文化在差

---

① 庄祖鲲. 契合与转化：基督教与中国传统文化之关系［M］. 西安：陕西师范大学出版社，2007：5.

② 庄祖鲲. 契合与转化：基督教与中国传统文化之关系［M］. 西安：陕西师范大学出版社，2007：33.

异性掩盖下的相似性。当人类学家对不同文化进行比较的时候，首先发现的是差异性，但是，在文化表面现象之下必定存在着某种共同的特征。人类学家认为原始文化具有很强大的相似性。即使是拒绝承认生物学因素在文化进程中的主导作用的学者，也认为文化是一种社会共同体的标准价值，它预先提出的一些基本范畴，一些确定的模式，为所有成员所遵循。所以，文化的统一性最先表现在人类文化具有的统一性。著名历史学家卡尔·雅斯贝斯提出的"轴心期理论"，就说明了这一特征。"我的纲要以一条信息为基础：人类具有唯一的共同起源和共同目标。起源和目标为我们所不知，完全为任何认识所不知。我们只能在模糊的象征之微光中感觉到它们。我们的现实存在在这两极之间移动；我们可能在这些反思中努力接近起源和目标。"①他认为轴心期的时间跨度为公元前800年到公元前200年。"最不平常的事件集中在这一时期。在中国，孔子和老子非常活跃，中国所有的哲学流派，包括墨子、庄子、列子和诸子百家都出现了。像中国一样，印度出现了《奥义书》和佛陀，探究了一直到怀疑主义、唯物主义、诡辩派和虚无主义的全部范围的哲学可能性。伊朗的琐罗亚斯德传授一种挑战性的观念，认为人世生活就是一场善与恶的斗争。在巴勒斯坦，从利比亚经由以赛亚和耶利米到以赛亚第二，先知们纷纷涌现。希腊贤哲如云，其中有荷马，哲学家巴门尼德、赫拉克利特和柏拉图，许多悲剧作者，以及修昔底德和阿基米德。在这数世纪内，这些名字所包含的一切，几乎同时在中国、印度和西方这三个互不知晓的地区发展起来。"②文化的整体性还表现为人类文化中每个单一文化内部的统一性。这种统一性提供了全体人员的行为准则和行为方式的模板，从而表现为一种一致性。

其次，文化又是多样性的存在。因为每个人生而自由，每个人来到这

---

① ［德］卡尔·雅斯贝斯. 文明的起源与目标［M］. 魏楚雄，俞新天，译. 北京：华夏出版社，1989：6.

② ［德］卡尔·雅斯贝斯. 文明的起源与目标［M］. 魏楚雄，俞新天，译. 北京：华夏出版社，1989：8.

个世界上，都有他自己独到的价值追求，这就决定了每个人的个性化，而文化又是由人所创造的，所以，文化在个性化的人的创作过程当中，必然形成文化的多元性，文化的这种多元性是以不同民族、地域和条件为根据的。所有民族都是在既定的文化背景中成长起来的，每个民族都有自己的文化，比如印第安文化、埃及文化、美国文化、法国文化、中国文化、日本文化、印度文化等。当我们谈到文化的时候，它的最基本划分是以民族性的形式表现出来的。每个民族的内部也存在着不同的文化上的区分。具体到国内，当我们提到满族，就会想到满族有什么特殊的礼仪、风俗习惯。一想到某个民族，马上就会让人联想到这个民族的一些特定的文化实践表现形式。人类文化虽然是个统一体，但是差异性、多样性恰恰是统一体中的不可缺少的部分，没有差异性就没有文化的统一性。多样性是文化的特征，也是文化得以发展和延续的基础。正是在多样性的基础上，才使得不同文明、不同种族、不同族群之间相互借鉴、相互融合，从而推动人类文化的演进。

第二节 文化多元化的含义

一、多元化的文化规定性

我们认为，文化的多元化来自于文化内蕴的规定性。如果我们从多元化角度理解"文化"一词，那么，文化所具有的最基本的含义，恰恰暗含了人类创造的物质世界是多元杂生的含义。"文"，最早的本义指各色交错的纹理。《易经·系辞下》中记载："物相杂，故曰文。"《礼记·乐记》中解释："五色成文而不乱。"这些都说明，"文"本质上是指各种色泽相交错却能形成和谐的美感。如果一色，就是一种单一性，而单一的东西不可能相生相应、相辅相成，不可能有更好的形式。①同样，"化"的最早本义是指改易、生成、造化。又如《易经·系辞下》中对"化"是这样解释的："男女构精，万物化生。"《庄子·逍遥游》中就明确记载："化而为鸟，其名曰鹏。"则更进一步指出任何一种物质，都要经历加工、打造和提炼这一去粗取精的过程，化是一种更深的意境、更高的境界。②文化的含义十分广泛，但不管对文化如何定义，其积淀的信息含量都十分大，涉及文化的两个方面，即文化的过程和文化的结果。文化的过程回答"是什么"，而文化的结果说明的是"为什么"，这便是解析过程的差别性和特殊性，而差别性和特殊性正是文化的本质，是文化存在的根据。

在许多事物中，多样性既是事物本身为了自我生存需要而创造的丰富性，也是人们在改造自然的过程中，从事物的联系到区分，从区分到联系的不断反反复复的实践行为。当然，处于早期混沌初开的人类，即使是对自己创造的文化，也还是浑然不觉的③，更何况对其多元化的认识。只有当人类跳出自身的时空局限，置身于飞速发展的社会之中，视野有了更大的开阔，胸襟有了更广的舒展，在这种创造活动下才会变得激情四溢。人类把身处环境的生存、生活、生产等被动状态，变成一种主动行为，最后演变成人类自身通过改造自然、组织社会、反省自我的伟大实践创造，是一种"人化"的伟大实践活动，同样也赋予文化以独立的生命。④因此，作为一个概念，文化多元化的提出，本身就是历史眼光和全球视野对照的结果。如果在"鸡犬之声相闻，而民至老死不相往来"的社会里，人们决然没有这种文化认知。同样，对"十里不同风，百里不同俗"的认识，只能到了物质水平明显提高，社会交往更加密切，生活领域得到扩大的时候，

① 沈卫星，李晓枫，云德. 受众视野中的文化多样性［M］. 北京：北京师范大学出版社，2010：13.

② 张岱年，方克立. 中国文化概论［M］. 北京：北京师范大学出版社，2001：1.

③ 王连晶. 基于可持续发展的文化多样性问题研究［D］. 哈尔滨：哈尔滨理工大学，2011.

④ 王连晶. 基于可持续发展的文化多样性问题研究［D］. 哈尔滨：哈尔滨理工大学，2011.

人们才会有所辨识并能够发出上述慨叹。世界文化多元化是与史俱来的客观存在。不同民族在不同时代、不同地点逐步形成各具特色的文化，在世界范围内呈现出丰富多彩的文化格局。文化多元化是一个历史的定义，它同社会、经济、科技的基础有着天然密切的联系。从历史的角度讲，社会条件相对落后，经济基础相对薄弱，科学技术不够发达，恰恰是文化多元化生成的前提。如果人类一开始就有高度发达的经济，在交通、地域、观念沟通上异常畅通，就不会有今天如此丰富繁荣的文化多元化存在。虽然经济基础与文化的多样性状态密切相关，但与文化截然不同的是，随着社会的进步，社会经济的形态越来越少，其结果是趋同性的增强。①

　　人类文化之所以具有多元化特征，就在于它们毕竟是在千百年的历史岁月里，由不同国家、不同民族、不同地域、不同历史的多元化人群所创造、交流、融合而成的多层面、多异质的人类群体智慧，它是一种综合体。在代代相传中进一步创新、丰富、滋养，培育着一代代文化基因各不相同的人类多样性群体。任何一种性质的文化，都已熔铸进他们的血液，渗透到他们的骨髓，与他们浑然一体，他们以此为出发点，发展自己的新智慧、新文化，创造自己的新生活。也许正因为如此，人类智慧才在千百年的岁月里获得了更广阔、更自由、更丰富，也更有成效的天地。文化的多元化、丰富化，说到底也就是人类精神、意识的多元性、丰富性，就是人性的多元性、丰富性。②这种文化多元化所体现的继承、借鉴和创新的局面就是中国古代哲人所总结的"承百代之流，会乎当今之变"。在文化多元化的本质属性中，既包含着丰富性、差异性，也包含着演进性、发展性。

---

　　① 沈卫星，李晓枫，云德. 受众视野中的文化多样性［M］. 北京：北京师范大学出版社，2010：14.

　　② 沈卫星，李晓枫，云德. 受众视野中的文化多样性［M］. 北京：北京师范大学出版社，2010：15.

二、多元化是民族存续和文化发展的基础

如同水、空气、食物是人类生存不可缺少的必要条件一样，文化多元化就是关乎为什么要生存的问题。人类之所以为人类，就在于人类必须为自己寻找到生存自觉的意识，这是人类的独特所在，也是世界文化赖以生存与发展的基础。文化将人与动物截然分开，不同的文化对人之生存的意义和生存价值给出不同的回答。人们已经越来越清楚地意识到，保持生态平衡，大千世界才能实现可持续发展。同样，我们也应该认识到，保持人类文化的多元化是人文生态平衡的基础。没有文化多元化，人类精神世界将一片荒芜。

文化多元化是民族生存、延续的条件和世界文化发展的基础。在社会实践的长河里，人类创造了灿烂辉煌、丰富多样的文化。不同的时代和不同的地方，文化具有各种不同的表现形式，具体表现为人类各群体和各社会的独特性，以及其全部独特性构成的多元化。在广阔的世界范围和纵深的历史图景中，文化多元化具有显著的时空特性，呈现出极为丰富繁茂、复杂多变、五彩斑斓的景象。今天，因为有多样性的存在，不同地域的人们才会互相欣赏，今人的目光才能穿过岁月的隧道而与古人对话。人类社会，每个民族有大有小，每种文化有长有短，但所有的文化都描绘出不同的创造经历，它们共同构成了世界文化的历史。①

三、文化多元化的概念

"文化多元化这一概念，是指同一社会中多种文化相互并存和共同发展的状态。在一国之内，鼓励每个文化个体和群体的创造性和多样性，共同促进民族文化的发展；在国际社会，提倡各民族文化的平等交流、相互借

---

① 沈卫星，李晓枫，云德. 受众视野中的文化多样性 [M]. 北京：北京师范大学出版社，2010：19.

鉴和竞争发展。"①

理解"文化多元社会"的概念可以从国际和国家两个层面来入手。从国际的角度来理解，就是指进入经济全球化时代以后，特别是第二次世界大战以后，殖民地国家的相继独立和国家文化交流日益频繁，使以国家为单元标志的不同民族文化并存和争鸣的局面全面形成，从而催生了国际文化多元社会。国家层面的多元文化社会自古就有。但是，传统文化多元社会建立在强势族群文化压制弱势族群文化的基础上，不同族群文化构成的"文化元"并不是平等的。进入20世纪以后的国家多元文化社会和国际多元文化社会都发生了巨大的变化，也就是绝大多数人希望社会文化生态建立在重视族群文化差异性的基础上，从而达到不同民族文化的共生共荣。②文化多元性是指不同的国家、民族、社会集团、社区和群体都有其独特的文化。因此，文化多元化不仅指不同国家、地区和民族之间文化的不同，也指一个国家范围内不同社会阶层、不同地域、不同代际、不同群体之间的差异，在尊重这种不同的基础上实现共同的繁荣与共生。

文化发展的历史和现实证实了人类文化多元化的存在。人类文化的多元化是在不同的自然和社会环境的基础上创造和发展起来的，世界各地的自然和社会环境各不相同，不同的环境形成了不同的文化体系，无论是物质文化还是精神文化，都具有明显的多元化特点。中华文化更是具有鲜明的多元化特征，在宗教文明方面、在民族文化方面以及在地域文化方面都具有鲜明的多元化特征。

文化是标志作为目的本身的人的发展过程及其成果的范畴。文化这个范畴所概括的不仅是实践活动的成果，还包括创造成果的获得本身。文化不仅以生活的产品形式存在，而且以获得本身的形式存在。因此，文化具

---

① 谢晓娟. 文化多样性影响下的思想政治教育考量 [J]. 学校党建与思想教育，2012 (03).

② 唐凯麟，高桥强. 多元文化与世界和谐：池田大作思想研究 [M]. 北京：人民出版社，2008：475-476.

有客体存在方式和主体存在方式。文化的客体存在方式是指人的文化产品和精神产品。文化的主体存在方式是人作为历史主体的本质力量之形成和发展的感性物质活动过程，即文化的动态形式。正是因为文化主体包括了民族、国家、阶级、社会集团和个体等不同形式，进而创造了各类的文化，因此，文化必然呈现出多样性特征。从文化客体的角度看，人类创造的文化产品和精神产品也必然是千差万别的，呈现出多元化特征。①

由此可知，文化多元化是客观的存在。当然，人类社会在发展的过程中也必然会面临诸多的共同的问题，文化的根本属性也存在着一致性，因此，文化又体现出了同一性特征。同一性存在于多元化之中，是多样性的本质和依据。在文化的研究中，如果只突出文化的差异，就会导致文化多元主义和文化相对主义；仅强调文化的同一性，就容易导致忽视文化的多元化和丰富化。所以，文化多元化是指同一社会中多种文化相互并存和共同发展的状态。在一国之内，鼓励每个文化个体和群体的创造性和多元化，共同促进民族文化的发展；在国际社会中，提倡各民族国家文化的平等交流、相互借鉴和竞争发展。②

第三节　当代中国社会语境下文化多元化的理解

文化多元化既是客观现实的存在，又是历史的存在，它是历时性与共时性的统一存在。文化多元化是一个历史的存在，这是因为历史的发展动力来自于不同文化或文明的冲突与融合。人类文明的演进过程从本质上说是不同文化交互作用的过程，也是不同文化相冲突的过程，文化多元化是

---

① 谢晓娟．文化多样性与当代中国软实力建设［M］．北京：人民出版社，2015：37.
② 谢晓娟．文化多样性影响下的思想政治教育考量［J］．学校党建与思想教育，2012（03）.

人类文明发展和演进的动力和源泉。近代以来，随着人类社会进入工业文明阶段，现代的交通工具以及越来越深刻影响人类生活的通信工具迅速发展，不同文化间的交流得以在更大的范围内和更高的层次上展开，文化多样性真正成为一种全球性的文化现象。在全球文化交流与碰撞的过程中，因为文化的影响力和辐射力的不同，借助和依靠的传输手段的不同，文化之间的较量也呈现出不同的态势，形成了强势文化与弱势文化之分。在这个过程中，一些文化成为强势文化，进而对其他民族和国家的文化产生了重要的影响，甚至影响到一个国家的文化根基与民族自信；一些文化在文化的交流中逐渐失去了其原有的特性和特质，丧失了其自身的文化品性，进而在文化全球化的浪潮中陷入衰败的困境。文化与一个国家或者民族的价值观、制度基础以及发展道路密切相关，一个民族文化特性的消失也可能意味着民族特性或者国家制度的改变。因此，文化弱势国家捍卫民族文化特性，维护文化主权的努力始终伴随着文化全球化的过程。而文化强势国家也越来越把文化的影响作为扩展国家实力和国际影响力的有力工具。在文化全球化的过程中，在不同文化间交流与融合的过程中，强大的文化影响力可以起到经济霸权或者政治霸权所无法替代的作用。虽然经济竞争与政治较量始终是国家交往的主题，但是，文化间的较量也越来越具有战略性的意义。在这种情况下，认识文化多元化就要具备全球化的视角、现代化的视角、中国化的视角以及民族化的视角，在当代中国社会的语境下对文化多元化进行理解。

一、全球化的视角

中国的文化多元化是文化全球化的必然产物，是全球文化的组成部分。虽然中国的文化与其他文化的交流自古就存在，而且源远流长，但是，真正意义上的文化交流，或者说深刻影响中国历史命运的文化交流还是发生在当代。改革开放以来，对外开放不仅改变了中国的历史命运，而且对世界社会主义运动产生了深刻的影响。对外开放不仅给中国带来了世界范围内的科学知识与先进技术，也带来了不同思想、观念和价值批判。

一方面，从文化的角度看，其他文化以各种渠道和方式裹挟着中国人进入一个全新的文化空间，荡涤着中国传统文化的习俗和价值观念，既带来了观念的更新，也带来了观念的混乱与困惑。其中，最为突出的是，以美国为代表的西方文化，以其强大的科技手段为依托，对中国传统文化、当代中国所倡导的主流文化所产生的冲击。另一方面，中国文化在走向世界的过程中也面临着西方强势文化的阻隔和排斥，无论从文化传播的角度，还是从国际话语权的角度看，中国文化都没有赢得应有的、与其国家地位相适应的文化影响力。国家形象、国家制度的国际认可度，国家的主流思想的认可度都没有达到应有的高度。"中国威胁论"不绝于耳，中国面临的国际环境不容乐观，等等。

因此，中国的文化多元化要以全球的视野进行研究，既要研究中国积极参与文化全球化的过程，积极参与国际文化合作，以提升中国的国家形象及国际影响力，又要在国际舞台上倡导尊重文化多元化，尊重不同民族、不同国家的文化选择和制度选择，最大限度地达成共识，为地区和世界范围内的合作奠定基础。①

二、现代化的视角

当前，中国所面临的重要选择是走现代化的发展道路。实现现代化是近代以来中国人的梦想与追求。现代化是多维度的现代化，既包括科技层面的现代化、国家治理层面的现代化，也包括人的现代化。其中，最为核心的是人的现代化、对于人的现代化而言，最为重要的因素是人的观念的现代化。近代以来。中国人的观念在不断趋向现代化，逐渐形成了民主、自由、平等、法治等现代观念。在改革开放的过程中，在建设社会主义市场经济的过程中，中国人的观念正在逐渐走向现代化。必须承认，中国追

① 谢晓娟. 文化多样性与当代中国软实力建设［M］. 北京：人民出版社，2015：39.

求现代化的发展目标既有自发的因素，也受到外部因素的刺激和影响。因此，中国人的观念的现代化更需要一种主动的自觉的启蒙过程。

众所周知，文化中最核心的部分是价值观。在多元化文化互动交流的过程中，价值观也渗透其中，并逐渐为人们所接受。所以，文化交流的过程也是一种价值观不断形成和另一种价值观不断瓦解的过程。因此，从现代化的视角看，中国需要接受现代的、代表未来发展方向的先进的价值观，而摒弃和抵制封建社会落后的和资本主义社会颓废的价值观。从现代化的视角看，多元文化的交流过程就是不断吸纳先进价值观，抵制腐朽和没落的价值观的过程。马克思主义价值观就是先进的价值观，是以是否满足绝大多数人的利益为是非、善恶、美丑的评价标准，归根结底以社会的进步和人类的彻底解放为标准。

对民族与国家来说，最持久、最深层的力量是全社会共同认可的核心价值观，因为它承载了一个民族、一个国家的精神追求，体现着一个社会评判是非曲直的价值标准。历史和现实都表明，核心价值观是一个国家的重要稳定器，构建具有强大感召力的核心价值观，关乎社会和谐稳定，关乎国家长治久安。习近平强调："任何一个社会都存在多种多样的价值观念和价值取向，要把全社会意志和力量凝聚起来，必须有一套与经济基础和政治制度相适应、并能形成广泛社会共识的核心价值观。否则，一个民族就没有赖以维系的精神纽带，一个国家就没有共同的思想道德基础。"[①]我国社会主义核心价值观的基本内容包括：富强、民主、文明、和谐，自由、平等、公正、法治，爱国、敬业、诚信、友善。它科学地回答了我们要建设什么样的国家、建设什么样的社会、培育什么样的公民的重大问题。社会主义核心价值观是当代中国精神的集中体现，凝结着全体人民共同的价值追求。[②]

---

① 习近平. 论党的宣传思想工作［M］. 北京：中央文献出版社，2020：52.
② 本书编写组. 马克思主义基本原理［M］. 北京：高等教育出版社，2021：95.

三、中国化的视角

我国正处于一个巨大的转型时期，从工业社会向信息社会转变的过程中，需要不断借鉴其他民族和国家的人民所创造的一切文明成果。文化的吸收和借鉴成为一种必然的选择。但是，任何文化的生长都需要一定的土壤和条件。这些条件是历史传承下来的为人们所接受和所熟悉的。对中国而言，在向现代化转变的过程中，如何面对中国的传统，如何面对中国的传统文化是一个重要的问题。以儒家文化为代表的中国传统文化延续了几千年，已经渗透到人们的日常生活和伦理关系中，无时无刻不在影响着中国人的思维方式和价值观念。如何面对这份厚重的文化遗产，如何面对自己安身立命的根本，这是一个非常值得思考的问题。

在文化自信视域下，我国优秀传统文化传承的语境主要有两种。一是历史语境。中华优秀传统文化是经过历史的不断洗礼和沉淀而流传下来的，形成了独具特色的文化传统，其中蕴含着我国许多历史人物伟大的爱国主义和民族精神，是我国抵御挫折的重要精神支柱。二是时代语境。在经济全球化以及网络信息技术飞速发展的今天，各国之间往来的日益密切使得文化的交流也逐渐呈现多样化的特征，我国优秀传统文化也要不断适应新时代的发展需求。①

因此，我们对其他文化的借鉴要放在中国化的视角下，要尽力弘扬中国传统文化的精髓，并努力实现其现代转型，从而使其发扬光大。当前，中国文化在走出去的过程中注重传播"中国风格""中国魅力""中国特色"的中国文化，那么，在国家内部文化建设的层面上也要凸显其"中国特色"和"中国风格"，从而始终保持文明大国的独特魅力。将中华优秀传统文化与现代化相融合，发挥我国优秀传统文化的价值力量，不断提升我

① 石爽，邵明虎，卢明宇.谈中国文化传统与当代大学生教育［J］.教育教学论坛，2019（07）.

国国民文化素质和我国文化软实力。

四、民族的视角

民族文化是全球文化的组成部分，每一个民族都有体现其自身特色的文化，并成为一个民族得以维系和发展的纽带。从国家内部的视角看，很少有一个民族国家是单一的民族国家，大多数国家都是多民族融合的结果。一个民族国家的发展取决于各个民族的有机融合和互相尊重，也取决于各个民族对本民族国家的情感认同、价值认同和主权认同，否则，一个民族国家就要面临分裂的危险。因此，从民族的视角看，中国的文化多元化也就自然地包括了诸多少数民族的文化。文化多元化既包括对少数民族文化的尊重和保护，也包括在民族平等基础上的对国家认同的建构。中国是多民族的主权国家，在漫长的历史发展过程中形成了以汉族文化为主的多元一体的文化格局，形成了多民族和谐共生，既有民族多样性又有大一统的文化格局。

历史发展到今天，在中国向现代社会转型的过程中，少数民族文化面临着现代化的冲击，也在多样文化的交流中得以传承和发展。中国软实力的提升也取决于少数民族文化的发展和对传统文化的传承。少数民族文化保护的任务更加艰巨。同时，中华民族是多民族的集合体，中华民族成为维系民族团结的桥梁和纽带。因此，不断构建中华民族的民族认同是提升国家软实力的重要途径，是实现中华民族伟大复兴的必由之路。理解文化多元化的民族视角就是要迫切地解决少数民族文化的保护问题，提升中华民族的民族认同。①

总之，当代中国社会的文化多元化既是全球范围内的多元化文化在中国的传播和发展，也是中国文化在国际范围内的传播和宣扬；既是现代文化的培植和发展，也是中国传统文化的传承和发展；既是对各个少数民族

---

① 谢晓娟. 文化多样性与当代中国软实力建设［M］. 北京：人民出版社，2015：41.

的民族文化的保护，也是建立在各个少数民族共生共存基础上的中华民族文化的发扬光大。文化多元化涵盖了传统与现代、民族与国际、本土与外来、西方与中方的不同维度的文化存在，这些文化存在构成了复杂多元的文化生态。在这样一个文化生态中，对外要通过多元文化交流与碰撞树立良好的国家形象，不断赢得国际话语权，打破"中国威胁论"，赢得国际认同和发挥良好的国际影响力。对内要通过多元化文化建设实现人们价值观的现代化，铸牢中华民族共同体意识，从而建设社会主义文化强国。

第二章
关于文化多元化的思想

　　费孝通曾经说过，21世纪将是一个个分裂的文化集团联合起来，形成一个文化共同体，一个多元一体的国际社会，而我们现在的文化就处在这种形成的过程中。[①]近几年来，文化多元化越来越成为国内外学者研究讨论的重要问题，所以在文化多元化问题上讨论非常热烈。归纳起来，共有两种不同的观点。一种观点认为文化多元化指一种共同的或单一的文化的形成，可称为文化同质论。这种观点强调世界文化变化的方向更加趋于一致，文化差异的重要性将变得越来越小。另一种观点认为文化多元化是全球化与本土化的辩证并行，例如韩国的李洪九曾经在中国社会科学院发表演讲时强调"世界化并不是一元化，而是只有在追求多元化时才有其价值"[②]。笔者认为，当代文化多元化更加强调的是各民族文化通过交流、融合、互通和互补不断突破本民族文化的地域和模式的局限性，从而走向世界，不断超越本民族文化的国界，并在人类的评判和取舍中获得文化的认同，不断将本民族文化区域的资源，转变为人类共享共有的资源。

---

① 费孝通. 从反思到文化自觉和交流 [J]. 读书，1998（11）.
② [韩] 李洪九. 世界化与社会保存 [J]. 国外社会科学，1995（06）.

第一节　马克思、恩格斯关于人类文明多元化的思想

马克思主义的文化观并不否认世界文化存在与变化的多样性，坚持透过这种表面多样性看到其内在统一性。马克思、恩格斯对文明问题进行了系统而深入的理论阐述。其理论阐述从文明发展的本质和动力到文明发展的阶段，延伸到文明的交流互鉴等诸多方面。

一、肯定人类文明的进步具有普遍性的价值诉求

（一）现实的个人与地域文明的多样性

文化不是自发产生的，而是伴随着人类不断认识世界和改造世界的进程，在实践中逐步产生和发展起来的。马克思、恩格斯系统研究了前人的文化思想，创造性地提出了辩证唯物主义和历史唯物主义文化观。马克思、恩格斯早期的文化理论深受青年黑格尔派的影响，是以自我意识为主体的理性主义文化观。后来他们从实践的角度出发，深入阐述文化的内在本质，深刻地批判了黑格尔派的唯心主义文化观，对文化问题的研究转向唯物主义，并且确立了理论阐述的逻辑源头。马克思指出，"全部人类历史的第一个前提无疑是有生命的个人的存在"，"思想本身根本不能实现什么东西。思想要得到实现，就要有使用实践力量的人"。[①]由此可见，马克思、恩格斯强调文化的核心问题是人，文化是由人创造的。马克思提出，"所谓整个世界历史不外是人通过人的劳动而诞生的过程，是自然界对人来说的生成过程"。他的观点意即：人类历史文化的产生只能依赖于人的实践。马克思同时指出："因此，第一个需要确认的事实就是这些个人的肉体组织以

---

① 中共中央马克思恩格斯列宁斯大林著作编译局．马克思恩格斯文集．第1卷［M］．北京：人民出版社，2009：320.

及由此产生的个人对其他自然的关系。"①

马克思关于现实的个人的存在的提出，摒弃了黑格尔抽象的个人的理论，是唯物史观研究的一个理论前提。马克思认为，"人的本质不是单个人所固有的抽象物，在其现实性上，它是一切社会关系的总和"②。在马克思看来，这种现实的个人是基于自身需要和社会需要而从事一定实践活动的处于一定社会关系中具有能动性的人。而现实的个人为了满足生存的需要，必然会产生现实的活动，这样在某种意义上来说推动了人的生产活动的发展，为此也为文化的生成奠定了一定的基础。马克思在分析现实的个人与自然发生的关系的过程中指出："既不能深入研究人们自身的生理特性，也不能深入研究人们所处的各种自然条件——地质条件、山岳水文地理条件、气候条件以及其他条件。"③山川、河流、海洋、沙漠等各种自然地理资源，为人们提供了生存所需的必要的地理环境，但是与此同时，不同的自然条件，也形成了特定的区域文化形态。

从本质上讲，文化是人们为了适应自然环境及自身社会环境而创造出来的非自然事物。地球上的自然环境千差万别，这导致了人类所面对的自然环境的不同及谋生方式的不同，并因而又引发了人群组合方式的不同，从而形成了不同的民族。区域文化正像生物为适应自然环境的选择而分化，形成了千差万别的生物种类一样，不同的区域文化最初也是为了适应不同自然环境而分化开来的。不同民族区域文化形成之后，变成了一种自主系统，一种传统力量，并进而形成不同于其他民族的区域传统文化。正是由于这个原因，人类文化有着本质上的共性，从而又使不同的民族区域

① 中共中央马克思恩格斯列宁斯大林著作编译局. 马克思恩格斯文集. 第1卷［M］. 北京：人民出版社，2009：519.

② 中共中央马克思恩格斯列宁斯大林著作编译局. 马克思恩格斯选集. 第1卷［M］. 北京：人民出版社，2012：139.

③ 中共中央马克思恩格斯列宁斯大林著作编译局. 马克思恩格斯文集. 第1卷［M］. 北京：人民出版社，2009：519.

文化有着内在的统一性，例如从生产方式上讲，各种民族区域文化都经历的采集渔猎、狩猎文化，农业文化和工业文化。正是这种内在的统一性，使不同的民族、区域文化可以相互沟通，而不是像生物种群那样相互保持中间隔离。

在人与自然的相伴相生过程中，人的主观能动性得到极大的提升，进而推动人类历史的进步与文明的演变，人类早期典型的农耕文明、游牧文明与海洋文明等的出现都是如此。中华文明的产生亦是如此，是中国人的祖先在应对特殊的自然环境的条件下而形成的一种农耕文明。由于人的主体能力的受限和旧有观念的束缚，以及生产力发展的不平衡，社会存在与社会意识的发展又是不平衡的，世界各民族之间的发展也是不平衡的，文化的多样性在很长时间表现为地域生成的文化多样性。

由此可见，从社会存在与社会意识的辩证关系来看，文化作为一种社会意识，是人类所特有的精神力量，一方面，是在人类通过实践活动，在认识世界和改造世界的过程中而产生的，在这个产生过程中，社会存在的要素生产方式和地理环境起了重要的作用，具体表现为文化的多样性在一定程度上表现为地域生成的文化多样性。另一方面，从文化的反作用来看，人们可以借助文化特殊的力量提高其自身的思想道德水平和实践能力，进而推动人类社会实践的不断发展。

（二）人类社会历史的演变与人类文明的多样性

马克思在描述古代社会形态的时候，在《给维·伊·查苏利奇的复信草稿》中曾提到，"古代社会形态也是这样，表现为一系列不同的、标志着依次更迭的时代的阶段"。马克思所提到的这种古代的社会形态其实也体现了文明多样性的存在。到了资本主义社会，生产力飞速发展，用马克思的话来说，如果说以前的发展速度是马拉车的速度，那么它现在飞起来了。随着生产力的飞速发展，旧的的生产关系被打破，马克思在形容资本主义社会的发展的时候，说道："生产的不断变革，一切社会状况不停的动荡，永远的不安定和变动，这就是资产阶级时代不同于过去一切时代的地方。"①在剩余价值的刺激下，生产的地域性限制被打破，封闭与自给自足，被相互交往、相互依赖所取代，被资源掠夺、资源侵占所取代。不仅"物质的生产是如此，精神的生产也是如此。各民族的精神产品成了公共的财产。民族的片面性和局限性日益成为不可能，于是由许多种民族的和地方的文学形成了一种世界的文学"②。可见，马克思、恩格斯的观点中，认为资本主义社会取代封建社会，不仅意味着生产力的飞速进步，同样也意味着一种新文明的诞生。马克思指出："在资本的简单概念中必然自在地包含着资本的文明化趋势。"③恩格斯也曾强调："文明程度的提高，这是工业中一切改进的无可争议的结果。"④马克思和恩格斯充分肯定了"资本的伟大的文明作用"。由此可见，资本时代的到来，打破了物质生产和精神生产的地域性与局限性，呈现出了全球化的趋势，同时也为新文明的诞生和文化多元化奠定了一定的基础。

马克思和恩格斯在肯定资本主义社会生产力的飞速发展对新的文明诞生的重要作用的同时，也看到了资本主义社会内部的各种矛盾，并对资本主义社会的根本矛盾进行了深入研究，在《共产党宣言》中，提出了资本主义必然灭亡、社会主义必然胜利的伟大论断。在《资本论》中，提出了剩余价值理论，揭开了资本家剥削工人的秘密，揭示了资本主义社会的发展规律和最终走势，深入研究了无产阶级的解放之道。马克思、恩格斯看到了资本主义社会所存在的种种弊端，看到了资本主义社会人与人之间的不平等和所存在的残酷剥削与压迫，马克思预见了未来人类社会的理想状

---

① 中共中央马克思恩格斯列宁斯大林著作编译局. 马克思恩格斯文集. 第2卷 [M]. 北京：人民出版社，2009：34.

② 中共中央马克思恩格斯列宁斯大林著作编译局. 马克思恩格斯文集. 第2卷 [M]. 北京：人民出版社，2009：35.

③ 中共中央马克思恩格斯列宁斯大林著作编译局. 马克思恩格斯文集 第8卷 [M]. 北京：人民出版社，2009：95.

④ 中共中央马克思恩格斯列宁斯大林著作编译局. 马克思恩格斯文集. 第1卷 [M]. 北京：人民出版社，2009：102.

态，提出了实现共产主义是人类历史发展的必然趋势，实现共产主义是人类的最高理想。当前，值得注意的是资本时代的到来，工业化的加速发展在一定意义上也在消解着文化的多样性，如随着西方工业化的进程、生产力的飞速发展和经济的繁荣，随之而来的是西方意识形态与话语霸权表现越来越明显，随着西方资本对东方的侵入，随之而来的同样有文化的侵入。尤其是最近几年，以美国为代表的西方国家打着民主与自由的旗号粗暴干涉他国内政。这种文化霸权现象演化成了西方资本主义价值理念在全球的扩张。西方国家的政治现实追求和意识形态优越感使文化多样性在某种意义上成为一个虚假命题。基于此，有的学者提出了"文化虚假多样性"①。

人类历史发展的长河表明，人们对于未来社会的设想都是建立在批判和思考现实问题的基础上完成的。马克思和恩格斯表明了人类世界文明的未来是科学共产主义。在关于科学共产主义的论证中，他们提出了人的价值追求的最高目标，是追求人的自由而全面的发展，人的自由而全面的发展是人类文明发展的根本价值归宿。为此，马克思提出了"自由人联合体"的概念。马克思在《共产党宣言》中就描绘出："代替那存在着阶级和阶级对立的资产阶级旧社会的，将是这样一个联合体，在那里，每个人的自由发展是一切人的自由发展的条件。"②马克思和恩格斯将共产主义的本质概括成社会中每一个人的自由发展或者是自由人的联合体。"在一个集体的、以生产资料公有为基础的社会中，生产者不交换自己的产品；用在产品上的劳动，在这里也不表现为这些产品的价值，不表现为这些产品所具有的某种物的属性。"③马克思指出，"阶级统治一旦消失，目前政治意义上

① 张鑫. 文化多样性的马克思历史哲学解读 [J]. 重庆科技学院学报（社会科学版），2021（6）.

② 中共中央马克思恩格斯列宁斯大林著作编译局. 马克思恩格斯选集. 第4卷 [M]. 北京：人民出版社，2012：647.

③ 中共中央马克思恩格斯列宁斯大林著作编译局. 马克思恩格斯文集. 第3卷 [M]. 北京：人民出版社，2009：433-434.

的国家也就不存在了"①。可见，共产主义社会文明是对以往一切旧有文明的超越，在马克思、恩格斯看来，在未来的共产主义社会，由于旧的分工的消失，劳动成为人们自觉自愿的活动，一方面，物质财富极大丰富，消费资料按需分配，生产资料实现社会直接占有，并由全体人民共有共享。另一方面，社会关系高度和谐。人们精神境界极大提高。在共产主义社会没有剥削与压迫，也没有阶级之间的对立。不仅社会是和谐的，人与自然、人与社会、社会与自然之间的关系也是和谐的。与生产力的高度发展和社会关系高度和谐相伴而生的，是人们的精神境界得到了极大的提高，社会的文明程度也进入了最高的阶段，分工与协作、民主管理、博爱、平等、和谐代表着人类文明的全新开端。

在马克思和恩格斯的晚年，重点研究了东方社会的历史，看到了东方社会地域的特殊性，对东方社会无产阶级革命和社会主义发展道路进行了深入的思考。在此基础上，马克思、恩格斯进一步剖析了文化的多样性和差异性。他们看到了不同民族和国家的文化，由于不同的地域和不平衡的生产力的发展，进而造成的文化的差异。马克思、恩格斯在研究社会文明发展时，就是依据这样的社会历史形态的发展和与之相伴的价值追求进行探索的。最终在他们看来，如果无产阶级要改变历史命运，促进人类社会文明，那么就必须要促进人的自由全面发展。所以，人的自由全面发展是文明发展的根本价值归宿。

二、引领不同文明交融，维护世界文明多样性

马克思、恩格斯充分运用辩证法的思想来看待人类社会的发展，认为人类社会是一个普遍联系的有机体。在人类文明交汇互融的背景下，文明的"东方中心"和"西方中心"论都是狭隘的。承认世界文明的多样性，

---

① 中共中央马克思恩格斯列宁斯大林著作编译局. 马克思恩格斯文集. 第3卷［M］. 北京：人民出版社，2009：406.

是马克思、恩格斯对文明的基本态度。马克思、恩格斯运用唯物史观的观点再次重申了由于生产关系交往方式的日益发展以及同民族之间的分工日益完善，"历史也就越来越是成为世界历史"。

唯物辩证法认为，世界是普遍联系的，世界上的万事万物都处于普遍联系之中。恩格斯指出，"当我们通过思维来考察自然界或人类历史或我们自己的精神活动的时候，首先呈现在我们眼前的是一幅由种种联系和相互作用、无穷无尽地交织起来的画面"①。马克思、恩格斯在阐述世界的普遍联系的同时，以开放的思维范式洞察了自然界、人类社会和思维发展的规律，突破了"地域性思维方式"。马克思、恩格斯认为对立统一规律是事物发展的根本规律，而矛盾的同一性则强调了矛盾着的双方相互依存、互为存在的前提，并且处于一个统一的共同体之内，提出了和谐是矛盾的一种特殊表现形式。这一理念对今天我们看待各国各民族文明之间的关系具有重要的指导意义，各个国家的文明之间实际上是一种同中有异、异中求同、求同存异的关系，最终追求的是一种和谐的状态。

在马克思、恩格斯看来，各民族、各国的文明存在着差异，就像世界盛开的不同的花朵，多姿多彩是其存在的首要前提和基本依据，各种文明各有其灿烂的一面，同样是有意义的一种存在状态，而各个文明之间在保持自己的优越性的同时又可以取长补短，是一种求同存异的状态。用这样的思维方式来看待世界文明的走向，我们不难理解，马克思和恩格斯始终是以一种开放的思维、发展的理念来看待世界文明的多样性的。这种面向世界的思维视野，不仅奠定了他们的理论创新发展的思维基础，也为世界文明交往互鉴贡献了智慧。多元文化的发展对人类及其存在来说至关重要。首先，它是人类文化得以延续和保存的重要前提。因为我们知道任何一种文化都有其自身的长处，同时有其缺陷。一种文化要想在不利于自身

---

① 中共中央马克思恩格斯列宁斯大林著作编译局. 马克思恩格斯选集. 第 3 卷 ［M］. 北京：人民出版社，2012：790.

存在的条件下获得生存的机会和可能性，就只有通过吸收其他文化的优势因子取长补短来迎接挑战，积极地适应环境。就人类文化的整体而言，如果离开了不同文化之间的互整、互补，就有可能将一种文化的缺陷放大为人类文化在总体上所普遍具有的共同缺陷，从而危及人类文化的持续存在。其次，文化多元化的存在是人类文化保持自身活力的重要条件。一方面，文化多元化为人类文化实现类似于生物学意义上的杂交优势创造了必要的条件。另一方面，文化多元化的存在，为特定文化的选择提供了多种可能性。而对新的可能性的尝试和探索，恰恰是创造性与活力的重要表现。文化多元化所要求的不同文化之间的多元关系，成为各种文化之间的张力结构得以保持的可靠保障，而不同文化之间的张力关系恰恰为人类文化的存在和发展提供了不竭的动力，只有承认各民族、国家文明的特殊性和差异性，才能科学洞察人类文明的普遍性和共同性。

综上，马克思、恩格斯在论述文明的普遍性时，也洞见了文明的多样性。同时，在相同形态的文明中由于个别文明在形成和发展的进程中条件各不相同，所以也存在多样性。

三、尊重各个国家选择自身文明发展道路

从各国地域文化来考虑，文化多元化无疑为本国的同质文化增加了异质成分。抵御文化的异质性的产生原因是多方面的。其中，外来文化的引入，对本地域的文化来说，不能不说是一种异质因素。异质文化引入本土时，必然会遇到本土文化的排斥。然而正如人体具有自我调节机制一样，世界各国的地域文化也具有自我完善调节的适应能力，最终能在外来异质文化介入时保持本身结构的完美。换句话说，各国的本土文化能够通过其文化层内部结构的调节与改进向着自我完善的方向发展。杞人忧天，担心东方文化和西方文化会被对方吞并而消亡的论点是违背人类文化发展规律的。为此，马克思在深入分析了俄国的农村公社独一无二的发展环境后，提出"在欧洲，只有俄国'农村公社'不是像稀有的残存的微缩模型那样

以不久前在西方还可见到的那种古代形式零星地保存下来，而几乎是作为巨大帝国疆土上人民生活的占统治地位的形式保存下来的"①。事实证明，俄国的农村公社作为落后国家的典型代表，有其自身的生存之道，同时还为其他民族、国家选择文明发展道路提供了思路。可见，每个民族或国家的文明发展道路都应该自主选择。同时，马克思、恩格斯坚决反对一种文明对另一种文明的征服与干预，他们重视各种文明之间的正常交流。

虽然文化多元化的发展已成为不可阻挡的历史潮流，但是各民族文化都有着自己赖以生存和发展的根基和土壤，必然都有地域性、本土性、特殊性和相对静止性的特点。各民族文化一旦放弃了传统所形成的各种形式，也就放弃了历史，失去了进一步发展的基础和条件。例如，中华文化是有强大生命力的。即使在过去遭受帝国主义列强侵犯，部分国土沦为殖民地，中国文化仍完整地保存了下来。一批中国人移居到外国后，尽管被外国文化价值观念所包围，但中国人几百年来通过建立"中国城"和众多其他方式，始终坚守中国文化这块阵地。可见，各国的文化包括风俗习惯、宗教仪式等互相学习、取长补短，构成了文化的互补性。正如西方人喜欢中国菜，许多西方国家的大学生都熟悉中国的老子、孔子、孟子一样，中国的学生也都知道苏格拉底、柏拉图、亚里士多德。当然，由于世界每一种地域文化不可能替代另一种文化本身的功能，中国文化与西方文化不可能互相替代，世界上每一种地域文化都有长处与短处。同时，由于本土文化核心成分是不会轻易改变的，正如一门语言向别的语言输出词汇或引入大量外来词不可能改变这门语言的性质一样，文化多元化不可能改变各国本土文化的总体结构。相反，多元文化的发展只可能使各国本土文化更趋于完美。世界各个国家民族文化发展的实质在于，各个文化个体吸收和融合了世界其他文化个体而形成了多样性的新的文化格局。

---

① 中共中央马克思恩格斯列宁斯大林著作编译局. 马克思恩格斯文集. 第3卷［M］. 北京：人民出版社，2009：579.

世界是丰富多彩的，文化是具有多样性的。每一个国家都有权利选择自身的文明发展道路。各民族文化应该依据自身环境的变化，对文化作出具有时代特征的价值判断，对原有文化进行创造性超越，使文化发展具有创新的特质，使其文化精华整合为新的文化资源；使文化传承永远具有吐故纳新的自我发展能力，而不是被动地接受。这样的文化主体就能推动民族文化的发展与传承。在人类文明发展的历史长河中，每个民族都有自己的独特的文明特色，文明没有高下之分、优劣之别，这是历史形成又延续至今的客观事实。每一种文明都是在本民族、本国家、本地区生存和发展的历史中产生，并为本国、本地区乃至世界文明的发展做出过各自的贡献，都有其存在的理由和价值。

第二节　中国传统文化理念中文化多元化的思想

中国文化源远流长，在百花齐放、百家争鸣的文化之路上，儒释道得以长期并存，又互相渗透，从形式到内容都发生了巨大的变化。先秦时代的诸子学在秦始皇统一中国前后就开始有了综合的趋势。经过汉初黄老道学的转折，为了适应汉代一统的社会形式，汉武帝采纳了董仲舒"罢黜百家，独尊儒术"的建议，再经过《白虎通义》的相关阐发，儒家伦理规范渐渐成为社会规范，并确立为封建社会的上层建筑。而佛教的传入使中国思想增加了思维深度，在佛教的刺激下，道教也从民间宗教中超升出来逐渐规范化。儒学、道学和佛教的冲突和融合的产物是宋明理学的诞生。《易经》《论语》《孟子》《大学》《中庸》和朱熹对其的解释成为正统，并影响到整个东亚。经过清代朴学的整理，一批中国古籍得以被重新发掘出来。可见，中华文化的思想观念、价值取向和知识系统是随着时代的延续不断向前发展的。千百年来，中国传统文化思想潜移默化，已积淀为国民的普遍心理因素，规范支配着人的思想行为。这种起始于过去、融透于现在、直达于未来的意识趋势和存在，具有不可忽视的巨大能量和能动作用。例如作为中国传统文化的主要代表儒家学说，不仅崇尚一种社会理想，而且注重个人的自身修养，家庭的和谐，重视宗亲、民族、家国、天下。追求自然、社会与人的"和"的精神，"中庸之道"主张调和、强调平衡。"仁爱"思想追求社会的和谐状态。中华文化经过了数千年的演进，内在地透出完整、和谐和智慧的灵光，同时又内在地融摄着现代化的意蕴，包含着许多与整个人类社会发展方向相一致的优秀内容。中国文化蕴含的丰富的人生智慧和和谐意识，无不包含着文化多元化的思想，是新时代实现中华民族伟大复兴的基石，是我们享用不尽的宝贵财富。

一、儒家"和"的思想主张"和而不同"、追求和谐

中国传统文化的很多精华是值得现代人去深刻地反思与研究的。比如，从先秦诸子百家经两汉到宋明理学，都看重一个"和"字，"和"作为一个重要的理念贯穿着中国文化的发展之路，对"和"的追求也贯穿自然、个人、社会、国家各个领域，"和"成了个人的生活理想，也是处理人与人、人与社会关系的伦理原则。这种理念，在构建和谐社会的今天仍然是一笔宝贵的财富。儒家思想在强调"和"的同时进一步阐明了"和而不同"的理念。"和而不同"的原则是文化多元化思想的实践要求。孔子说得好，"君子和而不同，小人同而不和"。"和而不同"的价值取向在于要承认"不同"，在"不同"的基础上形成的"和"才能使事物得到发展。如果一味追求"同"，不仅不能使事物得到发展，反而会使事物衰败。显然这种"同"不是一方消灭另一方，也不是一方同化另一方，而是在两种不同文化中寻找交汇点，并在此基础上推动双方文化的发展。所以在中华文化与世界文化的交往中，应当倡导平等交往和对话，在沟通中取得共识，坚持"和而不同"的原则，就能有效实现和谐发展，促进全球文明。

21世纪是一个多样性文化共存共荣的世界，不同文明之间的交融将促进人类文明的繁荣。正如《国语·郑语·史伯为桓公论兴衰》提到的"和

实生物，同则不继"。中国传统文化中孔子的"和而不同"的思想是人类文化多元化正确可行的出路。儒学所体现的人文精神，贯通于各文明、各教派之中，在今天，仍具有强大的生命力和价值。儒家"和而不同"、追求和谐的思想不仅对中国的影响非常深远，也引起了世界各国思想家的热议。俄国的波若罗莫夫认为："'和'的原则代表了多元论思想，它是具有丰富潜能的中国文化中的有价值的遗产。"①日本则认同并汲取了儒家"和"的思想，甚至将民族称为"大和民族"。这充分表明，儒家思想不仅是中国的，也是世界的；不仅是传统的，也是现代和未来的。

二、儒家"中庸之道"主张调和、强调平衡

中庸之道是儒家思想的重要组成部分。它不仅体现了儒家的伦理道德，在现实生活中，也是一种解决问题、化解矛盾的重要方法和原则，更是人与人交往的人生智慧。《礼记·中庸》中说："中庸其至矣乎，民鲜能久矣。"

关于儒家的中庸思想，不同的学者存在着不同的解读。有的学者认为中庸思想是形而上学的，反辩证法的；也有的学者认为中庸就是折中调和；还有的学者认为中庸思想强调矛盾的统一、调和，但是忽略了矛盾的斗争与转化。在这里，我们主要从中庸思想主张调和、强调平衡的视角入手，分析儒家文化中文化多元化的理念。

孔子的中庸思想并不是折中主义的简单的调和。折中主义存在着一定的主观臆断，强调抹杀矛盾的对立性和特殊性，强调任何事物都可以达到一个"中"的状态。折中的思想，在不同的领域有不同的表现，但总体而言，这种简单的折中的状态是没有立场、没有原则的，是一种无原则的调和。反观中庸思想，宋代朱熹对中庸作了详细的阐述："中者，不偏不倚，无过不及之名；庸，平常也。"在孔子看来，"中"就是中正、中和，是不

---

① 中国孔子基金会编. 儒学与二十一世纪［M］. 北京：华夏出版社，1996：145.

走极端、不偏不倚、过犹不及、适当把握度的一种人生智慧和道德标准。"庸"是普通、平常之意，强调保持平常心，它更多的是作为一种行为范式和健康心态而存在的。由此可见，中庸的思想要求人们为人处世要注重公认的社会道德，注重符合事物发展的规律，注重事物本来的固有模式，最终追求的是一种和谐的状态。但对这种和谐状态的追求并不是简单的妥协和没有原则、没有立场的认同。

孔子的中庸思想强调平衡，具体有两个突出的特征。一是过犹不及，反对过头和不及。所以，和折中主义不同的是，孔子的中庸思想强调坚持原则。而孔子本人也是一个从来不拿原则做交易的人。《论语·阳货》提到，"乡原，德之贼也"。乡原即乡愿，就是指信奉折中主义的好好先生，孔子认为这种你好我好大家好的"好好先生"是让人痛恨的，是"德之贼"。所以说，"它不是折中主义。因为孔子在美与丑、善与恶、是与非等问题上一直都是立场坚定、态度明确的"①。二是认为中庸的基础是"和而不同"。既强调了矛盾双方的和谐，又承认矛盾对立面的差异。孔子把"中庸"当作人们应该遵循的最高美德，强调对立双方的平衡。

孔子的中庸思想并不回避矛盾的斗争性。孔子在关于中庸思想的解读中没有明确地表述矛盾的斗争性，所以很多人认为孔子的中庸思想仅仅是强调调和。事实上，中庸思想较好地体现了辩证法的基本原则，孔子提出"和而不同，同而不和"，恰恰是认识到了"和"与"不同"这一对矛盾之间既对立又统一的方面。既看到了"和"与"不同"的区别，又看到了两者的联系。从这点来看，和辩证法的思想是不谋而合的，唯物辩证法中强调矛盾双方的对立与统一，强调同中有异，异中有同，求同存异。可见，中庸思想从来就不回避矛盾，而是用一种中庸的智慧去解决矛盾，用仁爱的思想去化解矛盾。中庸思想是以孔子的仁爱思想为基础的，体现了中国人民以和为贵、以仁爱待人的一种价值美德。

---

① 苏俊霞. 孔子的中庸思想解读. 齐鲁学刊［J］. 2014（03）.

三、儒家"仁爱之道"摒弃狭隘、主张博爱

早在西周时代，"仁"的概念就已经存在了。但是孔子将这一理念提升到了一个更高的哲学范畴的领域。孔子曰，"人而不仁，如礼何？人而不仁，如乐何"，"弟子入则孝，出则弟，谨而信，泛爱众，而亲仁"。[①]在孔子看来，爱的根本是爱自己的父母，再把这种爱扩展到体恤自己的兄弟姐妹，进而推广到爱社会大众，爱的对象从亲向疏推开，仁爱获得了普遍的意义。

孟子继承发展了孔子的仁爱思想。孟子提出"人之初，性本善"，在此基础上，孟子提出了"四心""四端"，即恻隐之心，仁之端也；羞恶之心，义之端也；辞让之心，礼之端也；是非之心，智之端也。孟子的"四心""四端"，简单理解，意思就是人是具有同情心的，这是仁爱的开始，这种爱是从爱自己的亲人开始，然后去爱别人，进而同情别人，正因为如此，人也就有了恻隐之心。羞恶之心是指人知道什么该做，什么不应该做，这也就是义的开端。正因为做事情知道了先后顺序，也就懂得谦辞礼让，这是礼的开端。人有了辨别是非得失的能力，也是智慧的开端。儒家的仁爱思想体现了做人的基本原则。

对于个人而言，由于对"仁"的理解各有侧重，存在着内在地缺乏对个人的价值与个体自由尊重的理解，例如《论语·颜渊》中提到"克己复礼为仁。一日克己复礼，天下归仁焉"，《朱子语类》卷四中提到"圣人千言万语只是教人存天理，灭人欲"，这一点，更是被封建统治者大加利用，《白虎通义·三纲六纪》中提到，"三纲者，何谓也？谓君臣、父子、夫妇也"。其中"君为臣纲"被作为最主要的一个方面，成为麻痹人的思想，维护封建统治的利器。

---

① 杨伯峻. 论语译注［M］. 北京：中华书局，2009：10.

第三节　西方学者关于文化多元化的代表性思想

西方文化的发展之路是一条群星璀璨、充满理性的思想之路。从古希腊哲学到近代哲学，人们更加注重理性精神与科学精神，从哲学角度讲，近代西方哲学在与宗教的斗争中，人们越来越关注理性精神与科学精神。17世纪是理性主义兴起的初期，以培根为代表的哲学家打着上帝的名号来张扬理性，他们强调上帝的本质就是理性，上帝是根据理性的原则创造了世界，因此世界充满了理性的精神。18世纪，以法国启蒙思想家伏尔泰为代表的哲学家则直接批评上帝是虚假的，上帝是世界上第一个疯子遇见第一个傻子的产物。18世纪后半叶到19世纪，以康德为代表的哲学家们开始注重理性精神与宗教信仰的结合。

近代以来，西方文化开始注重观照人的心灵，也开始强调人的非理性，如以叔本华、尼采、弗洛伊德为代表的唯意志主义哲学和以萨特为代表的存在主义哲学等。总体来看，西方文化注重个人理想的实现，主要体现在对个人的利益、平等的权利和自由的彰显，如发端于文艺复兴时期的个人主义思想就是典型的代表，从最初的试图走出神学的桎梏到主张天赋人权、个人平等，进而强调个人的价值，代表人物有英国的哲学家洛克、法国的孟德斯鸠等。但是，随着科技的发展及其带来的现实利益，西方文化的发展中出现了人的异化现象，人越来越工具化，越来越失去自我。法兰克福派的代表人物霍克海默与阿多诺在《启蒙辩证法》中提出了"文化工业"，并指出，在资本主义社会，资产阶级给文化产品披上了华丽的外衣，将文化变成了消费的商品。为此，他们对大众文化进行了批判，揭露了资本主义社会大众文化的欺骗性、虚假性，指出统治阶级利用文化对人思想的影响，将文化作为工具来控制人的思想意识，使人被异化。这种充分利用文化对人进行操弄的做法，伴随着西方资本对非西方世界的侵入，文化的入侵也开始了。这种文化的入侵导致的一种结果就是各文明之间的冲突或者叫对立，实际上体现了一种不平等的对话关系。

一、斯宾格勒的"八种文明"的理论

1918年7月，第一次世界大战接近尾声，一位默默无闻的德国中学教师发表了一部令人震惊的著作——《西方的没落》。这位中学教师的名字是奥斯瓦尔德·斯宾格勒（Oswald Spengler）。《西方的没落》发表于20世纪20年代。20世纪是充满喧嚣、骚动和剧变的世纪，从某种意义上说，这个世纪是以一场大危机、大灾难开始的。这场危机和灾难就是西方世界内部的自相残杀——第一次世界大战。这场大战真正结束了自启蒙时代以来西方对理性与进步的乐观与自信，结束了维多利亚时代的繁荣与和平。从此，西方的前途和命运就开始成为越来越多的西方人士思考和焦虑的问题。斯宾格勒是将这一主题当作一个文化问题来处理的，其目的是要在此基础上建立一种全新的哲学观念，以拯救人类所面临的危机。

在斯宾格勒看来，人类的存在可分为两大时代：原始文化时代和高级文化时代。高级文化的产生是真正历史的开始。他把各种文化的历史分为四个阶段：前文化时期、文化早期、文化晚期、文明时期，并相应地把这四个时期分为精神上的春、夏、秋、冬四季。每一文化的生命历程为一千年左右。在前文化时期，其精神特征是乡野的和直觉的，此时人们的意识尚未完全觉醒，在前文化时期只有原始的民族——农民。农民是无历史的，它比文化出现得更早，生存得久，它是创造城市中的世界历史的血液的来源和不息的源泉，"永恒的无历史的农民是文化破晓前的一种民族"，当最初的城市出现时，文化就进入了它的第二阶段：文化早期。斯宾格勒认为"世界历史是市民的历史"，"一种文化的每个青春时期事实上就是一种新的城市类型和市民精神的青春时期"。①在这个时期，文化产生了成熟的意识，形成了独特的风格，并出现了具有确定风格与特殊世界感情的民族集团。文化早期的城市都是规模较小的城镇，这种小城镇植根于乡村之中，表现出强烈的被土地束缚的感情，它是乡村景观的强化。随着城市的发展，第三等级——资产阶级兴起了，城市的金钱战胜了封建的地产，城市摆脱了封建势力的统治，自由至上的观念和理性万能的信仰成为这一时期精神上的要求和表现，这就是文化历史上的第三阶段——文化晚期。当一种文化发展到第四阶段也是最后阶段——文明时期时，出现了世界性的大都市，都市的居民是一种新的游牧民族，他们没有传统，只顾事实；没有宗教，只讲当下享乐。此时期精神的创造力已经消失，艺术沦为奢侈、享乐和神经刺激，是一种极端个人主义时代。

斯宾格勒认为，任何文化形态在经历了这四个阶段之后，耗尽了自身的生命精力，走向了自己的死亡状态。他认为历史上曾经有过八种高级文化：埃及文化、印度文化、巴比伦文化、中国文化、古典文化（希腊罗马文化）、伊斯兰文化、墨西哥文化、西方文化。这八种文化是等价的，甚至是同时代的，每种文化都有自己独特的个性，文化间的交流本质上是不可能的。时至今日，除西方文化外，其余七种文化都已经死亡了，只剩下一种无历史、无生气的僵死的存在。但是西方文化也将在2200年之后瓦解，并逐渐没落消亡。斯宾格勒认为这种命运不可逆转，他在全书的结尾引用罗马哲学家辛尼加的话："愿意的人，命运领着走；不愿意的人，命运拖着走。"②

斯宾格勒的文化史观毫无疑问是唯心的，他的宿命论文化结论也未免有些失之偏颇。但是他的思想却强烈地震撼了西方思想界，它的价值不在

---

① ［德］奥斯瓦尔德·斯宾格勒. 西方的没落 [M]. 齐世荣，田农，译. 北京：商务印书馆，1963：200.

② ［德］奥斯瓦尔德·斯宾格勒. 西方的没落 [M]. 齐世荣，田农，译. 北京：商务印书馆，1963：776.

于具体的结论，而在于它所引起的思考和讨论，他所探讨的问题正是世纪之交尤其是大战之后西方人所困惑和焦虑的。也正是在这一层面上，凸显出了《西方的没落》的独到价值和意义。笔者以为，该书如下的文化思想值得人们注意。

首先，斯宾格勒反对理性至上的方法，强调对历史文化的研究考察要诉诸一种文化哲学即他讲的"全新的哲学"。他反复强调原始的生存本能在生活历史中的重要作用，认为宇宙事物的终极的秘密是人的理性和抽象思维所无法接近的，理性和因果联系只适合于研究自然现象，而无法窥见历史和文化的宿命。斯宾格勒认为，生活就是生活，没有理由也不需要任何理性的说明，"当一个生活的问题需要应用理性的时候，生活本身就成问题了"①。而20世纪初的西方恰恰就是出了这种问题。斯宾格勒说过这样一段话："19世纪是自然科学的世纪，而20世纪则属于心理学的世纪。我们不再相信理性的能力高于生命；反之，我们觉得生命统治着理性。对人的认识远较一些抽象和普遍的理想更为重要。我们已经从乐观主义转变为怀疑论者：我们所关心的不再是讨论过去什么事应该发生，而是那些未来将要发生的事。对我们而言，掌握事物真相比一味沉湎于理想更为重要。"②

很明显，斯宾格勒的反理性倾向在很大程度上是现实感受的产物，是对西方近代以来，特别是19世纪的唯理性主义、唯科学主义的一种批判。他的观点尽管有片面性，却也启示我们，对于人类历史文化生活的深刻洞察确实也离不开对历史的直接的体验，特别是对人类本质和命运的直觉的把握，如果仅仅诉诸理性的因果分析，往往很难把握历史事件的真实意义。

斯宾格勒强调，文化是一个有机综合的统一体，这是十分正确的。将人类文化机械地划分为各个互不相关的部分，这是与18世纪近代科学理性

① ［德］奥斯瓦尔德·斯宾格勒.西方的没落［M］.齐世荣，田农，译.北京：商务印书馆，1963：220.

② 邓世安.西方文化的诊断者：史宾格勒［M］.台北：允晨文化实业公司，1982：29-30.

传统相伴随的陈旧观念，这种观念必然导致文化发展的单因子决定论，即从整体的文化系统中抽出某一因素或某一部分，然后将其设想为决定或推动社会文化现实与发展的唯一杠杆，这种观念如今已为越来越多的历史事实和人类学材料所否定。斯宾格勒强调文化有机体的发展理论，虽然有"生物学类推"的意味，但客观上却开拓了文化的研究思路和视野。

最后，斯宾格勒强调文化发展是有个性的。传统的理性主义往往是用一种"先验"或理想的文化模型，生搬硬套地用以分析现实复杂的文化类型，结果往往导致文化发展的单线论，从而否定了各文化发展的独立性、多样性，以及各文化选择自己发展道路的可能性。斯宾格勒则强调，各文化类型都是根据自身不同的环境、条件和需要，自行选择和创造的结果，各方面的差异都有可能引起文化发展样式的差异。这一点也为文化发展的现实所证明——任何一种文化类型都无法最终将自己的模式强加于他种文化的头上，它们可以毁坏或扭曲落后文化或邻近文化，但往往难以使这些文化变成属于自己的类型，文化的本质是多元的。

总之，斯宾格勒的意义在于，他是在20世纪初期西方第一个检讨、反思理性文化观念的人，并给当代世界带来了巨大的影响。他的思想启蒙意义甚至超过了他的思想本身。

二、汤因比的文化差异与整体文明的理论

近代两百年的全球泛西方化存在一个不容忽视的问题，即文化理念之间的这种对垒，最终必然会引发一种新的价值思考，那就是非西方文明的自觉自醒。事实也的确如此，在经历了西方化的洗礼之后，其他的文明以一种新的姿态进行自我更新、自我完善与发展。20世纪最伟大的历史学家汤因比曾经在他的多篇著作中谈到了这一点。他说当初西方世界在向非西方世界贩卖他们的价值观念的时候，买卖双方都以为是货真价实，但结果却不然，非西方世界盲目地接受了西方的价值观念的结果是导致了一种他们始料不及的灾难。这种现象被称为"文化溶血"现象。就像给一个A型血

的人输上了B型血的结果一样，会导致"文化溶血"。在19世纪中叶到20世纪中叶经历了一个世纪的反思之后，非西方世界的人们才普遍意识到这一点。那就是完全接受西方的文化理念是不能解决自己本国、本民族的问题的。

《历史研究》是被誉为"近代最伟大的历史学家"汤因比的代表作，《历史研究》考察了西方社会的历史，并且通过论证得出了一个重要的结论："历史研究单位既不是一个民族国家，也不是（在大小规模上处于另一端点的）人类整体，而是我们称之为社会的人们的某个群体。"①汤因比关注历史上现存的各个文明的兴衰和演变。在他的表述中，他承认其他文明的价值和意义，认为世界上各个文明在某种程度上是平等的，西方要摆脱以自我为中心的中心主义，即"任何一种社会类型的所有代表在哲学上是等价的"。与此同时，汤因比也探讨了文明的成长与衰落的原因及其过程。在阐述文明的衰落的原因的时候，汤因比提出"就成长和持续生长而论，它面对的是越来越少的来自外部力量的挑战和对于外部战场的强制性应战，不得不面对的是越来越多的来自内部的自身挑战。生长意味着成长中的人格和文明趋向于成为自己的环境，自己的挑战，自己的行为场所"②。可见，如果一种文明只注重于机械地模仿，或者盲目地崇拜，进而丧失自我的创造力，最终必然在一定程度上导致文明的衰落。关于文明的解体，汤因比认为有的文明步入衰落时期之后就会面临解体的危险，也有可能进入长期僵化的时期。如果一种僵化的文明无法面对挑战，自我觉醒，自我更新，自我创造，最终必然会走向解体。当然，如果在这个过程中旧有的文明已经瓦解，那么会有一部分杰出的人物涌现出来，在旧有文明的废墟上建立起新的文明。基于此，汤因比认为文明起源于挑战和应战之间的互

---

① ［英］阿诺德·汤因比. 历史研究［M］. 郭小凌，王皖强，等，译. 上海：上海人民出版社，2016：13.

② ［英］阿诺德·汤因比. 历史研究［M］. 郭小凌，王皖强，等，译. 上海：上海人民出版社，2016：206.

动，并且人类在历史发展中占有十分突出的地位，杰出人物的"退隐和复出"起了至关重要的作用。

《历史研究》里把人类文明分为28种文明类型（在有些版本中归结为26种文明）。历经发展演变，剩下的五种比较重要的文明是：西方的基督教文明、东欧和俄罗斯的东正教文明、北非和中东等地的伊斯兰教文明、印度次大陆的印度教文明、中国和东亚的儒家文明。与此同时，汤因比认为文明之火是永远不会熄灭的。他说：文明成长或发展"是个别创造者或少数创造性群体的工作"①。

汤因比的文明理念中存在着西方文明优胜论的观点，认为唯有西方文明才是发展方向，其他文明要么消亡，要么被西方文明同化，但是这并不否定汤因比在历史研究中体现的多元文化论的立场，在他的研究中，他尊重每一种文明形态，承认每一种文明形态所存在的价值和意义。汤因比对待人类文明形态发展的态度，值得我们学习。当今世界，随着经济全球化和文化全球化的日益发展，各国之间的交往越来越多。互惠互利、互融互通已经成为世界发展的一种潮流。然而，不容忽视的是，当今世界，单边主义和霸权主义有所抬头，以美国为代表的"美国优先"的理念，背离了世界文明发展的走向，世界各国只有在彼此尊重的基础上，人类文明才能更好地走向光明。

三、塞缪尔·亨廷顿的"文明冲突"的理论

20世纪90年代，美国哈佛大学国际政治学教授塞缪尔·亨廷顿的论著《文明的冲突与世界秩序的重建》出版。亨廷顿在书中指出：未来世界冲突的主要形式，将会是一种以传统宗教为基本依托的文明的冲突。论著出版后，引发了一场世界性的争论。人们对它的评价可谓毁誉参半。引人注目

---

① ［英］阿诺德·汤因比. 历史研究［M］. 郭小凌，王皖强，等，译. 上海：上海人民出版社，2016.

的是对亨廷顿的评论多数是从现实政治的视角着手的。从我国国内所刊发的评论文章看，尤其如此。不容否认，亨廷顿此书的出版有其出于美国今后国际政治战略的考虑。针对舆论的批评，亨廷顿又在《纽约时报》撰文回应："过去五年来，世局巨变，冷战模式已成为历史。我们需要一套新模式，以便把世界政治理出一个头绪，研究判断它的发展方向。"但是仅仅从这种政治视角来评价亨廷顿的思想未免过于简单，因此有必要从文化学和哲学层面对其观点进行一些评述。

论著包括五大部分。第一部分标题为"一个文明的世界"。亨廷顿认为当代的主要文明有八种，即中华文明、日本文明、印度文明、伊斯兰文明、西方文明、东正教文明、拉丁美洲文明以及可能的非洲文明。国际关系的主要行为者将不再是一般的民族国家，而是文明的核心国家。因为文明是人的最高文化归属，是人必不可少的文化认同的最大层面，是人区别于其他物种的根本。现代化不同于西方化，它既不会形成任何意义上的普遍文明，也不会导致非西方社会的西方化。第二部分为"变幻的文明均势"。亨廷顿指出，文明之间的权力均势正随着西方文明的衰落而发生改变，突出标志是亚洲文明正在崛起，这在政治、军事和经济上都有所体现。非西方文明都在重新肯定自身的文化价值，人类因此将经历非西方文化的复兴，非西方文明内部相互之间以及与西方文明之间的冲突。第三部分为"正在出现的文明秩序"。亨廷顿认为受现代化的驱使，全球的政治正沿着文明的界限进行重组。具有相似文明的人民和国家正在聚合。由意识形态和超级大国关系鉴定的联盟正让位于由文化和文明界定的联盟，文明之间的断裂带，正在变成全球政治冲突的中心地带。因此一个以文明为基础的世界秩序正在出现。第四部分标题为"文明的冲突"。亨廷顿认为文明是人类的终极部落，文明的冲突就是全球规模的部落冲突。文明间的冲突一般有两种形式。"在地区或者微观层次上有不同文明的邻国或一国，不同文明的集团之间的断裂带冲突。在全球或宏观层次上是不同文明的主要国家之间的核心冲突。"①亨廷顿认为这些冲突有相对持久、时断时续、暴力性强、意识形态混乱和难以通过协商解决等特点。有效缓解或阻止冲突升级则主要依靠世界主要文明核心国的利益和行动。第五部分为"文明的未来"。在亨廷顿看来，西方的生存有赖于美国人，重新肯定他们的西方认同，以及西方人把他们的文明看成是独特的而非普遍的。全球文明间冲突的缓解和避免，有赖于世界领袖接受并合并维持全球政治的多元文明性质。

亨廷顿的文明冲突理论，认为各种不同的文化都主张自己的文化霸权，于是文明之间的碰撞在所难免，在过去一千多年的时间里，四大文明体系之间既有交流也发生过数次的暴力冲突。但是我们可以看到，随着时代的发展和变化，人们之间的距离日益缩小，文明之间的冲突虽然存在，但是交流也在增强。不同的文明之间相互影响、互融互通必将是世界文明发展的一种趋势。

亨廷顿的文明冲突理论，认为文化认同是一个国家结盟或对抗的主要因素，具体而言，"现代化导致的不平等刺激了文化身份的认同，结果导致怨恨心理，民主化加剧了怨恨，从而形成了文明的冲突"②。在亨廷顿看来，文明间的差异，不仅是地域的差异，同时还是意识形态的差异。随着世界交往的扩大，各个国家越来越重视对自身文明的认同。这样非西方国家就会出现一种文化寻根现象。我们可以看到，随着四大文明地区被西方化和殖民化的浪潮影响以后，这些地区重新获得了政治独立和经济独立。在面临被文化侵略的危险中开始纷纷觉醒，并且试图从自己的传统根源中去寻找自己文化现代化发展的起点。中国提出了中国特色社会主义先进文化建设，与此同时，中华民族的传统文化重新复苏。印度作为一个拥有悠久历史及雄厚文化积淀的国家，西方文化与本土文化的碰撞也从未停止。在政

---

① ［美］塞缪尔·亨廷顿. 文明的冲突与世界秩序的重建［M］. 周琪，等，译. 北京：新华出版社，2002：229-230.

② 杨光斌. 作为世界政治思维框架的文明范式：历史政治学视野的《文明的冲突与世界秩序的重建》［J］. 学海，2020（04）.

府、民间以及艺术家们多年的共同努力下，印度已形成了学习保护和发展民族文化的氛围。在印度，出现了要用印度教为基础来建立现代化印度的这样一种呼声。可见，各民族文化及其宗教人文精神虽然千差万别，但却是彼此平等的。应在平等的基础上开展对话和交流，求同存异，妥善解决他们之间的分歧。

作为一个美国人，亨廷顿理论构建的出发点都是为美国服务。西方文明在他的心目中是具有文化优越感的，他赞赏并强调西方文明的独特性，并且极力维护西方的意识形态，表达了对多元文化的焦虑，他害怕多元文化会损害美国文化帝国的构建。他认为"美国信念"和美国核心文化所受到的来自种族主义、双语主义和多文化主义的挑战，以及它们自身的反击，已成为21世纪之初美国政治生活中的重要内容。所以，亨廷顿的文明冲突论，表面上承认文化的多样性，实际上却是对美国文化霸权的维护。随着中国的崛起，他的文明冲突理论在一定程度上加剧了"中国威胁论"。最近几年，美国实施的重返亚太战略，尤其是特朗普上台之后，为了打压和遏制中国的发展，就重新炮制和包装过文明冲突的论调。可见，当文化的差异一旦被政治集团所利用，他们就会假借文化的外衣，从自身的利益出发，肆意夸大自身文化的普适性，强调自身文化的优越性，把自身文化凌驾于其他文化之上。当正常的交流与沟通的大门被关闭后，冲突就产生了。事实上，任何一种文化都有其特殊价值。当今世界，以美国为首的西方国家借助文化全球化的发展，凭借自身的霸权地位，强制输出自己的文化理念和价值观念。这种西方文化中心主义理论和文化多元化发展是背离的。

第四节　当代中国社会马克思主义文化多元化思想

马克思主义中国化，从文化的角度看，可以理解为是一个文化重构的过程。新中国成立以来，马克思主义作为中国社会发展的指导思想，已成为中国思想的主流。中国共产党以马克思主义文化观为核心，认真探索和总结中国革命和社会主义建设取得的成就，逐步形成了中国化的马克思主义文化观，创造性地将马克思主义和中国实践相结合，建立起具有中国特色的、民族的、科学的、大众的社会主义文化，这毫无疑问是中国文化的新发展。党的十八大以来，以习近平同志为核心的党中央面对国内国际形势新的变化，积极应对文化发展道路上的困难与挑战，坚定不移地深化文化体制改革，大力推进文化强国建设，开启了新时代中国特色社会主义文化建设的新征程。从中国特色社会主义文化的发展与繁荣的历程来看，中国文化的发展，注重植根于中国传统文化，同时吸纳西方文化的精髓，注重用辩证的观点来看待文化的发展，扬其精华，弃其糟粕。所以，中国特色社会主义先进文化保持并发挥了它所具有的强大的开放性及融合性，以开放的精神在中国文化的根基上吸收融合西方文化。今天，中国文化的发展，应当在现代视野的观照之下，从更深的层次上揭示中国文化的精神意蕴及其内在价值。我国著名的社会学家费孝通曾经明确地表达了自己的文化主张："各美其美，美人之美，美美与共，天下大同。"[1]这样看来，未来中国文化的发展必将是包容的，开阔的，也是光明的。

一、毛泽东文化观的文化多样性思想

毛泽东指出，"一定的文化（当做观念形态的文化）是一定社会的政治和经济的反映，又给予伟大影响和作用于一定的社会的政治和经济；而经济是基础，政治则是经济的集中表现。这是我们对于文化和政治、经济的关系及政治和经济的关系的基本观点"[2]。毛泽东通过研究中国近代以来文

---

① 费孝通. 费孝通文集. 第14卷 [M]. 北京：群言出版社，1999：427.
② 中共中央文献编辑委员会. 毛泽东选集. 第2卷 [M]. 北京：人民出版社，1991：663-664.

化发生与发展的历史进程，对文化赋予了新的使命，揭示了文化的地位和作用。毛泽东指出："新文化，则是在观念形态上反映新政治和新经济的东西，是替新政治、新经济服务的。"①文化作为社会意识的重要内容，影响且作用于政治和经济。毛泽东的文化观是在领导中国革命和建设过程中产生的，创新和发展了马克思主义文化观。毛泽东围绕文化发展方向、文化发展方针提出了一系列措施，他立足于中国的具体国情，高瞻远瞩，坚持理论与实践相结合，坚持"双百"方针，坚持古为今用，洋为中用，解决了中国在文化建设中存在的问题，为中国的文化发展指明了前进的方向，构建了当代中国马克思主义文化观的理论框架。

（一）百花齐放、百家争鸣的文化理念

1951年春，毛泽东为中国戏曲研究院题词："百花齐放，推陈出新"。1953年8月，毛泽东在对中国历史问题研究委员会的指导方针中讲了"百家争鸣"。1956年4月，毛泽东在中共中央政治局扩大会议上提出，在艺术问题上"百花齐放"，在学术问题上"百家争鸣"，应作为我国发展科学、繁荣文学艺术的方针。这也就是我们所提的"双百"方针。5月2日，他在最高国务会议第七次上正式提出了"百花齐放，百家争鸣"的方针，指出："在艺术方面的百花齐放的方针，学术方面的百家争鸣的方针，是有必要的。"②1957年2月，他在《关于正确处理人民内部矛盾的问题》的重要讲话中，进一步详细阐述了"双百"方针。③至此，"双百"方针正式成为党在科学文化领域的重要指导方针，成为社会主义文化建设、科学发展的重要思想理论指南。

"双百"方针提出后，毛泽东多次在不同的场合强调其在社会主义革命和建设中的作用。1957年1月27日，他在省市自治区党委书记会议上的讲

---

① 中共中央文献编辑委员会. 毛泽东选集. 第2卷［M］. 北京：人民出版社，1995：695.
② 中共中央文献研究室. 毛泽东文艺论集［M］. 北京：中央文献出版社，2002：144.
③ 中共中央文献研究室. 毛泽东文集. 第7卷［M］. 北京：中央文献出版社，1999：204.

话中明确要求："对民主人士，我们要让他们唱对台戏，放手让他们批评。如果我们不这样做，就有点像国民党了。"1957年2月27日，他在最高国务会议第十一次（扩大）会议上发表的正确处理人民内部矛盾的讲话中指出："同错误思想作斗争，好比种牛痘，经过了牛痘疫苗的作用，人身上就增强免疫力。在温室里培养出来的东西，不会有强大的生命力。实行百花齐放、百家争鸣的方针，并不会削弱马克思主义在思想界的领导地位，相反地正是会加强它的这种地位。"①

可见，"双百"方针的提出，是在毛泽东深入思考中国社会主义发展进程中存在的问题的基础上提出的，其提出与实施符合中国的国情，合乎科学文化发展规律，是促进我国科学文化事业进步和繁荣的正确方针。首先，"双百"方针符合唯物辩证法的思想。在马克思主义看来，唯物辩证法与形而上学最大的区别就是唯物辩证法讲求联系、全面、发展地看问题，而形而上学是孤立、片面、静止地看问题。百花齐放、百家争鸣从内涵上体现了联系、全面、发展的理念，它提倡理论创新和知识创新，鼓励开展健康平等和活泼的文化氛围，主张发扬民主、尊重差异的文化多样性思想。其次，"双百"方针尊重科学文化发展的特殊规律。毛泽东认为，文化科学中的是非问题应当通过自由讨论和实践去解决，对于科学文化上的是非问题，应当保持慎重的态度，尊重其发展规律，提倡自由讨论，而不是轻率地下结论。他反对依靠行政力量的一言堂，反对强行推行某种思想，主张文化科学上不同学派的自由讨论。但是，需要指出的是，在"双百"方针提出后的社会主义发展过程中，由于种种原因，这一方针没有被长期坚持下来。今天，中国社会主义建设进入新时代，习近平总书记在2014年主持召开的文艺工作座谈会上强调要继续坚持"双百"方针，同时，文艺要反映好人民心声，要坚持为人民服务、为社会主义服务这个根本方向。

---

① 中共中央文献研究室. 毛泽东文集. 第7卷［M］. 北京：中央文献出版社，1999：232.

（二）古为今用、洋为中用的文化理念

毛泽东在《新民主主义论》《在延安文艺座谈会上的讲话》《同音乐工作者的谈话》中，都谈到如何正确对待中外文化遗产问题，古为今用、洋为中用是毛泽东在1964年9月给中央书记处书记、中宣部部长陆定一的批示文件中提到的，体现了毛泽东在对待中外文化遗产方面的态度，是批判的继承与借鉴。他既反对全盘西化、盲目崇拜，也反对对外国文化全盘否定，搞排外主义。这是一种符合辩证法思想的扬其精华、弃其糟粕的理念。

首先，"古为今用"，指弘扬古代的精粹为今天所用。毛泽东一生酷爱中国传统文化，注重从中国传统文化中汲取精华。他说："从孔夫子到孙中山，我们应当给以总结，承继这一份珍贵的遗产。这对于指导当前的伟大的运动，是有重要的帮助的。"①同时，毛泽东强调在继承传统文化遗产的时候，反对对传统文化采取"拿来主义"的态度，注重批判地继承。毛泽东指出，"学习我们的历史遗产，用马克思主义的方法给以批判的总结"②。毛泽东热爱中国传统文化，但不拘泥于传统文化。他提倡把马克思主义理论同中国具体实际相结合，用马克思主义解读中国传统文化。例如，在《改造我们的学习》中，毛泽东为"实事求是"做出了一个赋予新的含义的解释，提出："实事"就是客观存在着的一切事物，"是"就是事物内部的联系及规律，"求"是研究。③对实事求是的界定，是毛泽东把马克思主义原理同中华优秀传统文化的结合。

毛泽东在研究传统文化的时候，既尊重历史又不颂古非今，毛泽东始

---

① 中共中央文献编辑委员会. 毛泽东选集. 第2卷［M］. 北京：人民出版社，1991：534.

② 中共中央文献研究室. 建党以来重要文献选编（1921～1949）第15册［M］. 北京：中央文献出版社，2011：651.

③ 中共中央文献研究室. 建国以来重要文献选编. 第8册［M］. 北京：中央文献出版社，1994：319.

终注重"古为今用",毛泽东说,"向古人学习是为了现在的活人。①"毛泽东对待传统文化的指导思想是扬其精华,去其糟粕。毛泽东指出,中国有些人"崇拜旧的过时的思想,这些思想对于我们今天的中国不仅不适用而且有害。这样的东西必须抛弃"②。他认为,"清理古代文化的发展过程,剔除其封建性的糟粕,吸收其民主性的精华,是发展民族新文化,提高民族自信心的必要条件"③。

其次,"洋为中用"指批判地吸收外国文化中一切有益的东西。毛泽东主张我国的文化发展要面向世界,积极学习和汲取世界各国文化的优秀成分并为我所用。他指出:"要多多吸收外国的新鲜东西,不但要吸收他们的进步道理,而且要吸收他们的新鲜用语。"④在对待西方文化的态度上,仍然坚持辩证法的观点,去粗取精,去伪存真,扬其精华,去其糟粕,批判改造,推陈出新。1956年4月,毛泽东在中共中央政治局扩大会议上作《论十大关系》的讲话中指出:"我们的方针是,一切民族、一切国家的长处都要学,政治、经济、科学、技术、文学、艺术的一切真正好的东西都要学。"⑤毛泽东进一步指出:"对于外国文化,排外主义的方针是错误的,应当尽量吸收进步的外国文化,以为发展中国新文化的借鉴;盲目搬用的方针也是错误的,应当以中国人民的实际需要为基础,批判地吸收外国文化。"⑥

---

① 中共中央文献研究室. 建国以来重要文献选编. 第9册 [M]. 北京:中央文献出版社,1994:8.

② 中共中央文献研究室. 建党以来重要文献选编(1921~1949). 第21册 [M]. 北京:中央文献出版社,2011:398.

③ 中共中央文献研究室. 毛泽东文艺论集 [M]. 北京:中央文献出版社,2002:42.

④ 中共中央文献研究室. 建党以来重要文献选编(1921~1949). 第19册 [M]. 北京:中央文献出版社,2011:73.

⑤ 中共中央文献研究室. 建国以来重要文献选编. 第8册 [M]. 北京:中央文献出版社,1994:262.

⑥ 中共中央文献研究室. 建党以来重要文献选编(1921~1949). 第22册 [M]. 北京:中央文献出版社,2011:178-179.

综上，毛泽东"古为今用，洋为中用"思想，在对待传统文化和西方文化的态度上，体现了一种开放、包容和创新的理念。既注重汲取其精华为我所用，同时又注重充分运用马克思主义基本理论，这正是毛泽东文化思想的伟大之处。但是，由于当时国际形势的严峻性，冷战的思维严重阻碍了文化多元化的具体实施。对外，主要是学习苏联的文化，中国所实行的外交政策是一边倒的外交政策，中国的发展也是受苏联模式的影响比较大。国内，受"以阶级斗争为纲"的思想的影响，文化多样性的态势当时并没有明显地表现出来。

二、改革开放以来，中国特色社会主义文化观的文化多样性思想

改革开放以后，以邓小平同志为核心的党的第二代中央领导集体，结合中国改革开放的具体情况，形成了中国特色社会主义文化观。中国特色的社会主义文化，作为当代中国的主流文化，它形成于改革开放和社会主义市场经济的历史性实践。因此，它是一种有时代特色的全新的文化。它同社会主义基本经济制度、政治制度结合在一起，围绕建设富强、民主、文明的社会主义现代化国家这一根本任务，以经济建设为中心，坚持改革开放，坚持为人民服务，为社会主义服务。除了时代性特点之外，中国特色的社会主义文化还应体现开放性和群众性特点。所谓开放性，指拥有海纳百川的心胸，贯彻宽容原则，弘扬主旋律，提倡多样化，自由讨论、自由创作和不同学派不同风格的自由发展，使文化园地百花齐放，百家争鸣。同时合理吸收外国文化中一切好的东西，使中国特色社会主义文化成为开放包容、不断发展的博大体系。而所谓群众性是强调社会主义的文化事业是亿万人民群众创造的事业，人民群众是文化建设的主人，是一切文化创造的最深厚的源泉。中国特色社会主义文化是从群众中来、到群众中去的文化，是在建设中国特色社会主义的伟大实践中，在人民群众的创造活动中吸取优秀、健康的文化成果，教育人民，服务人民，使之成为社会主义的"四有"公民。

中国特色社会主义文化观的形成始于改革开放时期。邓小平根据国际形势的变化和国内改革开放的发展，深刻总结了我国文化建设正反两方面的经验教训，对文化建设提出了一系列正确的思想和主张。首先，丰富和完善了毛泽东关于文化多样性的思想，注重充分借鉴外国优秀文化成果的思想。邓小平指出："任何一个民族，一个国家都需要学习别的民族，别的国家的长处，学习人家的先进科学技术。我们不仅因为今天科学技术落后，需要努力向外国学习，即使我们的科学技术赶上了世界先进水平，也还要学习人家的长处。"①其次，邓小平的"一国两制"思想体现了如何看待资本主义国家，如何看待两种社会制度并存的重大现实问题。邓小平关于文化多样性的思想，突破了人们对资本主义的僵化认识，也突破了中国人对苏联模式的盲目崇拜。再次，邓小平依据新时期的历史变化，对文艺与政治的关系做出了新的阐述，从"两个文明"的视角阐发文化建设的重要作用等。这些理论思想是对马克思主义文化观发展的重要贡献。邓小平的文化多样性的思想，更多地表现在对西方发达国家科学技术和先进的管理经验等方面的借鉴。

其后，在坚持马克思主义为指导思想的基础上，在毛泽东、邓小平关于新民主主义和社会主义文化建设的正确思想的基础上，结合新的国情和世情，以江泽民同志为核心的党的第三代中央领导集体提出了社会主义先进文化论，江泽民提出了当今世界是多样性世界的思想。1993年，江泽民发表了《把一个和平繁荣的世界带到21世纪》的讲话。他在讲话中指出："我们这个地球上有上千个民族，二百多个国家和地区，所处的自然环境不同，社会发展经历各异，形成了多种多样的生活方式、价值观念、宗教信仰和文化传统。"江泽民在很多场合多次提到文明的多样性和倡导世界多样性的思想，表达了对世界文明共存的一种认同和与世界各国和平共处的原则立场。党的十六大后，以胡锦涛同志为总书记的党中央，确立了和谐文

---

① 中共中央文献编辑委员会. 邓小平文选. 第2卷 [M]. 北京：人民出版社，1994：91.

化的建设目标，进一步丰富和发展了马克思主义文化观。在2005年4月胡锦涛第一次提出"和谐世界"的思想，这一思想被确认为国与国之间的共识。2005年9月，胡锦涛全面阐述了"和谐世界"理念的内涵，表达了世界不同制度、不同信仰的国与国之间，都应有不同的发展道路。每个国家都应给他国以尊重、理解和包容。体现了世界各国实现互利共赢和共同发展的理念。

三、党的十八大以来，新时代中国特色社会主义文化的文化多样性思想

关于新时代的文化建设和发展，以习近平同志为核心的党中央提出了许多新观点、新思想和新论断。尤其是他在一系列重要讲话中多次强调新时代中华文化发展繁荣要在马克思主义指导下，继承和弘扬中华优秀传统文化，反复强调中华民族伟大复兴要以中华文化发展繁荣为条件。

习近平关于文化的重要论述内容具体而广泛。具体而言，第一，强调文化建设的战略地位和作用。强调了文化建设在实现中华民族伟大复兴，实现中国梦的伟大梦想，以及建设社会主义文化强国等所起到的重要的作用。强调了增强文化自信，以及进一步解决文化领域中发展不平衡不充分的问题等。第二，文化建设的原则和方针以及文化建设的新格局。提出了坚持马克思主义文化观这一基本立场，传承中华文化这一基本原则，坚持"二为"方向和"双百"方针，坚持创造性转化、创新性发展。同时，还主张不同文明交流互鉴共存。第三，文化建设的主要内容和重要措施。关于文化建设的主要内容方面，包括高度重视意识形态工作、突出文化建设的"主心骨"、加强全社会思想道德建设、注重社会主义文艺的发展以及繁荣文化事业和发展文化产业。在其重要措施上，注重以教育事业、科技创新和文化人才队伍建设等方面来进一步推动文化发展。

在此，笔者重点要强调的是习近平提出的人类命运共同体这一伟大理念所蕴含的多元文化思想。人类命运共同体是习近平总书记基于人类历史发展的进程和人类文明发展进步的基础上，体现中华民族伟大智慧，弘扬

全人类共同价值的重要论断。这一论断提出的历史背景是，党的十八大以来世界经历百年未有之大变局，和平与发展仍然是世界发展的两大主题，中华民族开始了伟大复兴之路，在这样的时代背景下，提出人类命运共同体，充分体现了中国着眼于世界各国的全球视野和世界格局，体现了中国放眼世界的人类情怀和价值理念。

（一）人类命运共同体理念蕴含着人类文明进步的共同价值取向

习近平指出："如同物种的多样性使得生命生生不息一样，人类文化的多样性使得这个世界更加丰富多彩，得以在多样性的文化传承中相互交流、和谐相处、取长补短、融合创新。所以，文化多样性是一个关系到人类文明续存的根本问题，是人类社会可持续发展的源泉，只有尊重文化多样性，才能建设一个和谐的世界。"[1]习近平指出："文化多样性是客观存在的。每种文明和文化都是在特定的地理环境和特定的人群中产生和发展的。"[2]

人类命运共同体的"共同"二字，体现了世界各国之间休戚相关、命运与共、和平发展的价值理念，既体现了中国传统的"和"的理念，也体现了中国传统文化"仁爱"的思想，是世界各国文明之间互融互通、和谐共生的一种多元文化共同发展的文明理念。这不仅是中国人民的价值取向，更是全世界追求和平与美好的人的价值取向，是人类文明进步的共同价值取向。人类命运共同体理念，其价值观是面向未来、引领未来、共享未来的理念。"人类命运共同体思想的核心内涵是建设持久和平、普遍安全、共同繁荣、开放包容、清洁美丽的世界。"[3]开放包容体现了交流互鉴

---

① 习近平. 干在实处 走在前列：推动浙江新发展的思考与实践 [M]. 北京：中共中央党校出版社，2016：295.

② 习近平. 干在实处 走在前列：推动浙江新发展的思考与实践 [M]. 北京：中共中央党校出版社，2016：295.

③ 张劲. 人类命运共同体视域下大学生的价值观培育 [J]. 重庆科技学院学报（社会科学版），2022（03）.

的文化价值，世界各民族都有自己独特的民族文化。各个国家在尊重本民族文化发展的同时，也要尊重其他国家民族的文化。人类文化共同体就是在文化发展的过程中，发挥各民族文化优势的基础上，充分发挥自身优势，取长补短。"在多样中交流，在交流中融合，在融合中进步。"①在当代社会，这是一种具有当代文化价值的优秀文化精神。

习近平指出："文明是平等的，人类文明因平等才有交流互鉴的前提。各种人类文明在价值上是平等的，都各有千秋，也各有不足。世界上不存在十全十美的文明，也不存在一无是处的文明，文明没有高低、优劣之分。"②"尊重文明多样性，做到国家不分大小、强弱、贫富都是国际社会的平等成员，一国的事情由本国人民做主，国际上的事情由各国商量着办。"③

（二）构建人类命运共同体理念反映了中国对人类文明未来走向的新判断

2021年，对外经济贸易大学国际关系学院陈须隆在接受《人民日报》记者采访时，对21世纪做了这样的表述，他说："进入21世纪以来，恐怖主义、金融危机、气候变化、生态灾难等全球性挑战使世人愈发认识到人类命运与共、祸福共担，科学家们更是发出了人类命运堪忧的警示，人类的地球家园意识、'一个星球'意识空前增强；世界迎来百年未有之大变局，其显著表征是国际力量对比与战略地位加速调整，全球经济与战略的重心东移，国际关系中的西方中心地位和'西方中心论'愈发难以为继。"④在这样的时代背景下，人类将怎样去面对未来的世界，人类文明未来的走向将会怎样，已经成为新时代人们的一个世界性的思考。可见，每

---

① 马晓明，谌颖.人类命运共同体伟大构想的价值内涵探析［J］.哈尔滨学院学报，2022（04）.

② 习近平.习近平谈治国理政［M］.北京：外文出版社，2014：259.

③ 习近平.习近平谈治国理政.第1卷［M］.北京：外文出版社，2018：324.

④ 张红.人类命运共同体为世界指明前进方向［N］.人民网-人民日报海外版，2021-07-05.

个时代的文化思想都要思考和面对时代课题，都要在原有理论基础上实现理论创新，这样才能完成时代任务。而"人类命运共同体理念不仅包含政治、经济、文化、生态、安全等共同体类型，而且包括国家与国家、人与自然、文化与文明等多维关系，也蕴含了世界性历史发展和全人类整体发展意识，全球化公共性逻辑以及每一个人全面发展的理念"①。"世界上没有放之四海而皆准的发展模式，各方应该尊重世界文明多样性和发展模式多样化。"②

当今世界，经济全球化、文化多样性已经成为世界发展中一种不可逆转的潮流。各个国家之间的联系越来越密切。一方面，中国的发展离不开世界，改革开放四十多年，中国所取得的伟大成就，离不开与世界各国之间的密切联系。另一方面，世界的发展离不开中国，作为一个拥有14亿人口的发展中大国，中国的发展影响着世界发展的脚步，尤其是中国作为一个负责任大国，充分发挥制造业优势和制度优势，对世界其他国家提供了力所能及的帮助。世界的发展你中有我，我中有你。单边主义和霸权主义，已经不适合当今世界的未来发展趋势。当今世界，各民族文明之间的密切联系已成为一种历史的必然，促进不同文明平等对话、包容互鉴，是一种顺应历史发展的自觉选择。人类命运共同体思想体现了中国在实现中华民族伟大复兴的进程中，始终坚持把自身发展与世界发展统一起来，展现了中国作为负责任大国的世界胸怀与责任担当。

人类命运共同体理念是立足新时代，面对新课题，在坚持马克思主义的指导地位，铸就中华文化新辉煌的基础上提出的，这一理念是面向现代化、面向世界、面向未来的，它指明了人类文明的新走向。

---

① 张劲. 人类命运共同体视域下大学生的价值观培育 [J]. 重庆科技学院学报（社会科学版），2022（03）.

② 习近平. 习近平谈治国理政. 第1卷 [M]. 北京：外文出版社，2018：307.

第三章
网络信息文化与当代人的发展

近年来，随着高新技术发展的日新月异，社会信息化的持续推进，互联网的影响日益广泛而深刻，网络文化研究也逐渐成为一个热点问题。作为一个颇具潜力的理论生长点，它已经引起理论界越来越多的关注，并在诸多研究方面取得了很大的突破。实现人的自由而全面的发展，是马克思整个思想理论体系的精华与核心。网络时代所营造的交往条件影响着人的个体的发展，不仅为人的发展创造了有利的社会条件，而且为人的全面发展提供了可能。

在信息时代的今天，劳动不再是一种诅咒，而是一种建立在自觉自愿基础上的劳动。自由时间也因为网络的参与变得多了起来。交往关系的丰富带来社会关系的丰富，个人有了相对独立和自由的空间，形成了多样的"自由个性"。信息化网络时代人的发展正朝着马克思所设想的道路前进，那就是全面发展的道路。

第一节　网络信息时代的文化特征

时至今日，"网络"不但是人们日常话题中最热门的关键词，它甚至还成为人们生活中最不可放弃的一个重要部分，也逐渐成为人们理性思考的对象。围绕网络，充满智慧的人们展开了各类理性的反思，如网络伦理、网络经济、网络模式、网络交往，等等。但是，从价值层面对于网络文化进行深入的哲学思考，这方面的工作却做得不够，它甚至远远落在了网络实践的后面。人们对于网络的讨论，似乎更多地停留在技术含义的层面，而对于网络的深层文化含义却少有探讨。在网络文化日益向人们生活渗透、日益成为人们生活不可或缺的组成部分的今天，自觉反思网络文化，已变得更加有意义。

一、网络的文化含义

在对网络文化进行哲学价值层面的思考之前，我们有必要先理清网络概念的基本内涵。在人类历史上，正是由于生产工具的进步与变革，才带来社会生产方式的革命性变革，并实现了人类文化的新陈代谢，因此，我们要弄清网络，就应该从文化的层面对网络做进一步的认识。

计算机网络是将地理位置不同的具有独立功能的多台计算机及其外部设备，通过通信线路连接起来，并在网络操作系统、网络管理软件及网络通信协议的管理和协调之下，实现资源共享和信息传递的计算机系统，即因特网。但是，将网络这一技术放之于生活，我们不难发现人们对于网络的定义已经摆脱了前面所说的技术的概念。关于网络有多种解释，有人认为网络是一种媒体，是一种属于成员的虚拟空间；也有人认为网络是一种商业平台，等等。关于网络我们很难给出一个最精准确切的表达，只能从网络的价值以及特征来进一步认识网络在文化层面上的真正含义。

认识网络的价值应从三个方面去理解。第一，网络的支撑与发展离不开网络技术，例如网络基础设施、网络通信、网络软件等，正是网络技术的不断进步才带来了全球互联网的春天，才使得网络业的竞争日益激烈，也才有网络日新月异的发展，这也可以说是网络的技术价值。第二，网络从诞生之日起，就成为人们展现个性、互相交流、发布信息、浏览资讯、观看影视、网上购物、游戏娱乐、聊天交友的舞台和工具，这是网络的应用价值。第三，网络的本质是对人类经济与社会生活产生的革命性变革。

人们通过网络对财富、权利、关注力等社会资源进行重组，从而引发社会全局性的变革，这是网络的社会价值。

对网络的价值有了一个初步的认识以后，再来考察一下网络的具体特征。从事物发展的一般过程来说，应该先有网络的特征，然后才有网络价值的存在。但是我们在做理论分析的时候，往往是先得出预想的结论，再对此做理论的反思。我们认识网络走的也是这样的一条路线，当我们感受到网络已经成为人类生活中不可或缺的一部分时，才发现网络着实有着与众不同的技术魅力，并提出质疑：我们的生活为何因网络而改变，网络的特征在此时便成为人们追问的对象。

关于网络的特征应从五个方面来看。第一，高容量性。网络拥有比其他任何媒介都丰富的信息容量，是其他任何媒体所不能比拟的。走进网络，同样会享有现实世界中的丰富多彩，从而将"秀才不出门，便知天下事"的理想转变成现实。第二，网络在具有高容量性的同时，还具有高保真性。其独有的记录方式以及文件保存的树状机构，即使承载如此之多的海量信息，也不会出现失真或者繁乱的现象，有着其他媒介不可比拟的优势。第三，便捷性。在高容量性和高保真性的基础上，产生了网络的又一特征，那就是便捷性。网络给予我们海量信息的同时，我们还发现获得的手段却是出奇的简单，一台电脑和网线，甚至是一部手机就可以引领我们进入广阔的网络世界，手机入网让网络的便捷性发挥得更加淋漓尽致。第四，交互性。在网络空间，我们不仅只是观众或者听众，我们同样也可以充当言论的发布者，人人都是自媒体，我们再也不是被动的接受者，我们同样也拥有选择的权利。其中，网络远程教育的不断发展乃至成熟充分体现了网络的交互性，如MOOC等教学模式被国内各大高校使用，成为学校的必备技能，使得网络教育有了全民基础和技术支撑，教与学在网上融会贯通。第五，虚拟化。网络空间被人们习惯地称为虚拟空间。在网络上，人们无法直接见面，面对的永远是一个冷冰冰的显示屏幕，人们交流的对象也不再是活生生的个体。我们只能隐约地感受着手指在键盘之间跳跃的激情，或者是语音留言的自我体会，不过我们似乎更加喜欢这样有距离感的美。

综上所述，网络是人们表达情感、获取知识的一种不断更新的交往方式，具有高容量性、高保真性、便捷性、交互性以及虚拟性等特征。今天，网络影响着社会的方方面面，形成了一种特有的文化现象，就是网络文化。

二、网络文化的特征

翻开人类信息交往的历史，每一次质的飞跃，都是信息载体和交往方式的变革，从语言到文字再到数字。从造纸术、印刷术到以电波、电磁波方式交往的电报、电视、广播，再到以数字化为交往方式的网络技术。信息交往方式飞跃产生的影响远没有局限在本领域，相反，深刻地影响了人类文化。网络信息技术的产生和发展，使以前人们提到的"秀才不出门，便知天下事"的理想成为现实，人类生产活动获得了空前的自由和巨大的潜能，这就为文化的突变和飞跃创造了条件，直接影响到文化的存在形态以及发展轨迹，使其具备了许多新的特征。

第一，技术基础性。文化的物化是现代文化的特点，而人类早期的原始文化则是由人的自然活动直接产生的。这些文化创造活动没有太多可供创造的技术基础，原始人可以用简单工具如两块石头敲击成器便可形成一种文化现象。但现代人再这样做也很难发展成一种文化现象。网络文化更是如此，因为它是一项高科技，没有现代信息技术所提供的技术手段，这种文化就不可能出现。因此，网络文化的一个重要突破点是随着信息技术的发展逐渐壮大的。由于信息技术发展速度非常快，建立在技术基础上的网络文化会随着技术不断取得进步而呈现出更快的发展速度。网络文化在某种意义上讲可以称为网络快餐文化。信息网络技术可以在瞬间把一种文化现象、一个观点、一个大家感兴趣的东西传递到网络世界的各个角落。网络文化及时性的另一个方面体现在交往者之间关系建立的迅捷和另一种方式取代的快捷。在网络中，人们可以自由地通过进入不同的文化社区参与他们感兴趣的活动。即使这些讨论的主题并非自己熟悉的领域，也可以表达评论和意见。其他人则可以看到这些评论和意见，甚至就这个话题展开辩论。因此，网络信息技术对网络文化产生了技术基础性的影响，只要一种网络技术被加以运用，就会产生一种新的文化现象。

第二，虚拟化。由于网络信息技术的虚拟性，人们很自然地利用这些技术构造了一种虚拟的环境。人们通过虚构的场景和角色来进行互动交流，这些场景和角色并非现实的，而是在网络上构建的。人们可以隐藏现实中的自己，以完全不同的虚拟形象出现在网络，从而使他们的行为变得虚拟化。因此，人们之间由于空间的距离而产生的存在与缺席的界限消失了。一些学者认为，现代社会的重要转折点有两个：一是机械钟表的出现，使时间从空间中分离出来；二是信息通信媒体的出现，导致空间与在场相分离。现在实际存在的事物的直接作用力正在逐渐被在现实实践中缺席的东西所取代，这意味着我们在任何一个信息端口所观察到的影像都可能是虚拟的，这种虚拟的结果对人类生活的影响越来越大。它使得网络参与者可以在虚拟想象的场景中尽情地遨游、自由思考和交流。互联网技术为人类提供了一个开放性的社会系统，在其中没有地区与国界的约束。只要人类遵守着最基本的网络法则，虚拟空间的大门就将随时敞开。人类创建了一个虚拟社会系统，它扩大了人类的生存空间，并影响了人类未来的生存方式。在这个虚拟社会中，人类的想象力得到了更广泛的施展，同时也为人类提供了在现实社会中无法获得的创造力和机遇。虚拟和构想这种现象由来已久，在中国，先秦时期的孔孟就曾在思想王国里构造了"大同世界"理想，《礼记·礼运》中记载："大道之行也，天下为公。选贤与能，讲信修睦，故人不独亲其亲，不独子其子，使老有所终，壮有所用，幼有所长，矜寡孤独废疾者，皆有所养。男有分，女有归。货，恶其弃于地也，不必藏于己；力，恶其不出于身也，不必为己。是故谋闭而不兴，盗窃乱贼而不作，故外户而不闭。是谓大同。"①东晋的陶渊明更是虚构了一幅世外桃源的图景，其间"忽逢桃花林，夹岸数百步，中无杂树，芳草鲜美，落英缤纷……土地平旷，屋舍俨然，有良田美池桑竹之属。阡陌交通，鸡犬相闻"②。在西方，古希腊哲学家柏拉图曾构想过一个"理想国"，试图让整个社会变得有条不紊。近代托马斯·莫尔的《乌托邦》和康帕内拉的《太阳城》也表达了人们对未来美好生活的构想。但是，这些构想只是当时哲学家们的幻想和愿望，并未变为现实。

新时代的今天，网络信息技术的发展，使得从前哲学家们的构想与愿望成为了现实，在虚拟空间呈现出真实的存在感。在现实生活中，人们往往处于一种受限制的生存状态，但是虚拟空间可以显著改善这种状况。在虚拟空间中，人们的自由想象能力被极大地拓展，并且他们的构思能力与创造力也得到了大幅提升。

第三，多元一体化。现有文化的一个重要特征是具有地域性或民族性。由于地理和政治因素的影响，历史上出现了各种具有地域特色或民族特色的文化。随着网络将这些不同的文化搬到虚拟世界中，网络成为展现多样性文化的大舞台。其实，网络文化的多元化是与生俱来的，网络使世界构成了一个虚拟的全球社群。在这里，无论何种文化形态或文化内容，都会被网络以其独特的方式收纳，使得多元化文化更容易相互交流与碰撞。传统文化和现代文化发生冲突，民族的经典文化持续表达，规范和守卫着某阶段人们共同的行为方式和价值目标，现代文化则不断适应时代的需要，以新文化要素为标志的文化形态，实用文化新价值因素被越来越多的人所接受，而网络的规范和失范开辟了两者之争的又一个战场。在网络空间，主流文化和反文化针锋相对，主流文化表达国家意志、利益和意识形态等

---

① 袁行需."中华传统文化百部经典"之郭齐勇解读《礼记（节选）》[M]. 北京：科学出版社，2020.

② 钱伯城. 古文观止新编 [M]. 上海：上海古籍出版社，1992：412-413.

社会主体要求，崇尚公德、法制、秩序和社会责任感，其价值观在社会上占主导地位，成为社会绝大多数人的共识和行为准则。反文化，其价值观、道德与现实社会背道而驰，所体现的观念、行为方式和规范由于网络的虚拟化和自由化，在新的空间同它所属的那个主流文化发生冲突。强势文化借助网络可以四处传播，弱势文化当然也可以驾起自己的文化帆船驶向网络大海，但由于物理世界的界限和保护没有了，它在与其他文化的交流中是继续保持自己的特质，还是被淹没，只有让网络来考验。在网络空间虽然存在着多种文化之间的冲突，但是形成了一种以前所没有的新共同体，被称为电子共同体或地图上没有的共同体。这种电子共同体具有共同体的本质特征，因为他们真正是为共同关心的共同目标结合而成的共同体。有人认为，信息技术可以变成把人们吸引到更加和谐的世界之中的自然动力，人们结缘于电子空间。

第四，非中心的全球化。网络结构与我们日常社会的等级制有着明显的不同。等级制是一种从下往上组织规模逐渐缩小而权力逐级集中的金字塔型的结构，每个基层组织的行为都听从高一级的指示和号令，而总体的社会结构也都依赖于一个权力高度集中的社会核心组织。相比之下，网络结构是一种去中心化的结构，没有严格的组织层级和权力集中，而是由多个节点相互连接而成。在网络结构中，每个节点都可以直接与其他节点进行交流和互动，不受时间、地点和身份的限制，不存在明确的指挥和被指挥的关系。在网络世界中，人们可以更容易地获得平等和自由。与现实生活不同，互联网并不会因为人们的身份、背景或地位来区别对待信息传递者。在网络上，每个人都有机会分享自己的想法和观点，这种平等和开放的环境无疑增强了人们的互动和社会联系，并促进了文化交流和创新。在互联网上找不到一个垄断性的、由新闻监察机构严格控制的信息发布中心。由于网络没有中心节点，使得信息可以从任何地方发布和传播。即使是一个相对较小的事件，在网络上被分享和转发，也可能成为世界的焦点。这种现象在全球化背景下尤其明显，因为网络让人们之间的距离逐渐缩小，使得来自不同地区的事件都能够被关注和了解，这就是网络文化的一大特征。

第二节　网络信息化文化对于人的全面发展的促进

诚如德国解释学家伽达默尔所言，文化世界是"指一种最内在地理解的、最深层地共有的、由我们所有人分享的信念、价值、习俗，是构成我们生活体系的一切概念细节总和"①。人创造了文化，文化反过来塑造了人。人通过实践一方面将自身把握为与自然相对立的主体，另一方面又创造了一个只属于自己的文化世界。这个世界是我们每个人必须接受的共有的世界。由于文化造就了人们目前的状况，因而任何人要安全摆脱文化的束缚实际上是不可能的。文化世界是我们每个人安身立命的世界，文化世界作为一种融物质与精神为一体的综合存在，它构成了一般社会活动和精神生产的前提与基础，构成了文化世界核心的礼仪、习俗、行为规范等文化因素，而一旦固定化，就会像日月星辰一样现成地、给定地呈现在每一个体的面前，作为自在的和给定的规范体系支配着人的日常生活，同时也影响着我们每个人的发展。网络时代所呈现出来的文化特质正在慢慢积淀凝聚为传统，规定和影响着人类个体的发展，为人的发展创造着有利的社会条件，且为人的全面发展提供了可能。实现人的自由而全面的发展是马克思主义思想理论体系的精华和核心。在马克思看来，人类实践的最终目的就是实现人的全面发展。而网络时代正因其种种文化特质为这种目的逐渐提供着可能。如技术基础性加速了生产力的发展，提高了人们的生活质量。而虚拟化以及由技术带来的瞬时性，为人们的生活带来了更多的便

---

① ［德］H. G. 伽达默尔. 真理与方法 ［M］. 王才勇，译. 沈阳：辽宁人民出版社，1987：15.

利，改善人们的主体状况，增加了人们的自由时间。多元一体化和全球性则扩大了人们交往的范围，使得马克思所预见到的全球化的普遍交往成为可能。

一、马克思关于人的发展理论

在人类思想史上，不同时代的思想家们都孜孜不倦地探求人的全面发展问题，马克思、恩格斯在继承前人成果的基础上，科学地阐述了人的全面发展理论。就科学性和影响力而言，没有一种思想理论能达到马克思主义的高度，也没有一种学说能像马克思主义那样对世界产生如此广泛而深远的影响。马克思主义关于人的全面发展的学说不仅把人的全面发展作为人类社会的一种理想目标，而且把它看成一个历史过程，在马克思、恩格斯看来，人的全面发展只有到共产主义才能实现。

在马克思主义唯物史观的宏观视野中，对人的任何现实的说明都是与社会的发展有机结合在一起的，都是从人与社会的共生互证来理解的。唯物史观认为，人不是抽象的而是现实的，现实的人及其活动是社会历史存在和发展的前提。所谓现实的人，"不是处在某种虚幻的离群索居和固定不变状态中的人，而是处在现实的、可以通过经验观察到的、在一定条件下进行的发展过程中的人"①。这种现实的人，是基于自身需要和社会需要而从事一定实践活动、处于一定社会关系中、具有能动性的人。只有把人看作现实的人，才能正确把握人的本质，把握人与社会历史的关系。马克思指出，"人的本质不是单个人所固有的抽象物，在其现实性上，它是一切社会关系的总和"②。这些关系主要包括人与自然的关系、人与人的社会关系，这就告诉我们，人的本质属性是社会属性，而非自然属性，人的本质

---

① 中共中央马克思恩格斯列宁斯大林著作编译局. 马克思恩格斯选集. 第1卷［M］. 北京：人民出版社，2012：153.

② 中共中央马克思恩格斯列宁斯大林著作编译局. 马克思恩格斯选集. 第1卷［M］. 北京：人民出版社，2012：139.

属性表现在各种社会关系中，人的解放与发展具体就表现在这些关系的变迁和升华上，人的本质是变化、发展的，而不是永恒不变的。

马克思以劳动为基础，从人们的社会关系出发，运用辩证否定的分析方法，提出了关于人的发展要经历的三个不同阶段的学说。第一个阶段就是人对人的依赖关系。在这个阶段中，个人只能在狭小的范围内与周围的人建立联系，并且只能依附于一定的社会共同体，也就是所谓的"狭隘人群"。他们只能从族群中获得自己人的力量和性质，甚至只有在归属于族群的意义上才被称为人。第二个阶段是人对物的依赖关系。在这个阶段中，社会关系以异己的物的关系的形式同个人相对立，所以人的发展依然受到社会关系的束缚和压抑。但是，社会形成了普通的物质交换、全面的关系，多方面的要求以及整体能力的体系，为更高的历史阶段的到来创造着条件。第三个阶段是人的全面而自由的发展，是建立在个体高度自由自觉基础上的全面发展。马克思认为，在这个阶段中，人将不再受任何束缚，可以自由地发展自己的潜力，实现了人的"自由个性"的发展。①人的发展是全面的，这不仅包括体力和智力方面的进步，还包括各种才能和工作能力的提高，以及社会联系和社会交往的发展。在共产主义社会里，社会关系将不再像异己力量那样支配人，而是由人们共同控制。通过丰富和全面的社会关系，人们将获得自由和全面的发展，并成为具有自由人性的人。因此，共产主义社会就是实现人类自由而全面发展的一种社会形态，是人类社会发展的高级阶段。在《共产党宣言》中，马克思指出，"代替那存在着阶级和阶级对立的资产阶级旧社会的，将是这样一个联合体，在那里，每个人的自由发展是一切人的自由发展的条件"②。

---

① 中共中央马克思恩格斯列宁斯大林著作编译局. 马克思恩格斯文集. 第8卷 [M]. 北京：人民出版社，2009：52.

② 中共中央马克思恩格斯列宁斯大林著作编译局. 马克思恩格斯选集. 第4卷 [M]. 北京：人民出版社，2012：647.

二、关于人的全面发展

马克思并不是凭空猜想自由的人的实现，事实上，这种实现是建立在社会劳动基础之上，并且需要一系列历史条件的配合，包括生产力的巨大发展、物质财富的充裕涌流、人们科学文化和思想道德水平的极大提高等。这些历史条件共同作用构成了自由个体实现的必然历史趋势。恩格斯也曾经做过精彩的阐述："人们周围的、至今统治着人们的生活条件，现在受人们的支配和控制，人们第一次成为自然界的自觉的和真正的主人，因为他们已经成为自身的社会结合的主人了。人们自己的社会行动的规律，这些一直作为异己的、支配着人们的自然规律而同人们相对立的规律，那时就将被人们熟练地运用，因而将听从人们的支配。人们自身的社会结合一直是作为自然界和历史强加于他们的东西而同他们相对立的，现在则变成他们自己的自由行动了。至今一直统治着历史的客观的异己的力量，现在处于人们自己的控制之下了。只是从这时起，人们才完全自觉地自己创造自己的历史；只是从这时起，由人们使之起作用的社会原因才大部分并且越来越多地达到他们所预期的结果。这是人类从必然王国进入自由王国的飞跃。"[1]但是，在人的全面发展阶段人究竟是什么样子，马克思恩格斯并没有对此做过集中、系统和全面的描述，而只是抽象一般地谈到。在马克思主义创始人的著作里，虽然能找到大量关于人的全面发展的论述，但找不到现成的关于全面发展的完整定义。马克思关于人的全面发展学说的一个明显特点，就是马克思对这一问题的论述是散见各处的，大量的是在论述其他问题时涉及人的全面发展问题，同时，还揭示出全面发展的含义联系着马克思、恩格斯对于人的片面发展的考察。因此，就这一特点，下面将马克思关于人的全面发展的含义概括出三个方面。

---

① 中共中央马克思恩格斯列宁斯大林著作编译局. 马克思恩格斯选集. 第3卷 [M]. 北京：人民出版社，2012：815.

第一，人的体力和智力的充分统一发展。体力和智力的充分统一发展，在全面发展中是最基本的一个层面。因为体力和智力不仅是人生命体存在的基础，更是人从事一切活动的生理心理基础。无论是物质生产活动还是精神劳动以及其他一切活动，都需要依赖于体力和智力的运用。只有体力和智力的充分统一发展，才能够成为人所有发展过程的基础。无论是科学研究、艺术创作还是文化娱乐活动，都需要人的体力和智力的支持和投入。因此，在人类的一切发展过程中，体力和智力的充分统一发展是最基本的一个层面，也是整个人类社会发展的基石。

第二，人的才能和志趣的多方面发展。世界上的万事万物可归结为两大类现象：物质现象和精神现象。人类活动也可以分为两大领域：物质活动和精神活动。因此，人的活动能力的发展也分为两个不同的层次。其一，人的物质活动能力的多方面发展。物质活动是指经济学意义上的劳动，它是人与自然之间最基本的关系，是人类生存和发展的基本条件。为了充分发挥个体潜能并表现出全部能力，需要通过多方面的劳动进行全面发展。多方面的劳动不仅是个体充分发展的必需途径，同时也是生产力发展的客观要求。因此，为了实现个人和社会的共同发展目标，需要重视并促进多方面的劳动发展。其二，人的精神活动能力的多方面发展。人的精神活动和物质活动一样，是人类生存和发展所必需的，而且精神活动具有更高的层次。随着社会的发展，人们对文化、艺术、心理健康等方面的需求在不断增加，精神活动也正在成为人的发展的一个越来越重要的领域。只关注物质活动而忽视精神活动会导致人们在多个方面无法得到全面的发展和提升。人类使用物质形态的活动掌握世界，同时也需要运用精神形态的活动去掌握这个世界。因此，需要将关注点放在物质活动和精神活动两者之间的平衡上，在物质活动和精神活动两方面都得到充分满足，才可以获得更全面的个人成长和发展。

第三，共产主义道德的发展。人们在进行各种活动的同时，也就形成了一定的社会关系，无论是物质活动还是精神活动，都只有在一定的社会关系中才能得以实现，人总是社会的人。马克思指出，"人的本质不是单个人所固有的抽象物，在其现实性上，它是一切社会关系的总和"[①]。社会关系是指人与人之间的相互合作，为了有效地进行合作，社会必须建立一定的行为规范来调解人与人之间的关系，而道德则是调解这些关系的重要手段，指导人们如何与他人相处，如何行事，等等。因此，作为社会成员，我们必须拥有符合某种社会关系的道德品质，以便能够更好地融入这个社会并做出自己的贡献。到了人的全面发展阶段，也就是马克思所设想的共产主义社会，用以维护人与人之间关系的强制性的政治和法律手段已经消除，全人类的共同的道德规范在人与人的关系中就显得更加必要，社会关系的规范将完全由道德规范来调解。那么，作为全面发展的人，就必须具备共产主义社会关系的道德规范。

总之，在人与自然方面，共产主义发达的生产力，已不是资本的增值动力所推动的人对自然贪婪的掠夺，相反，它是人与自然在本质上的和谐统一。在共产主义社会，为了生产而生产的利润动机将不再存在，物质生产也不再盲目扩张，而是根据人们的实际需求进行调整。因此，在这种情况下，人类与自然环境之间将达到动态平衡和谐共存的状态，实现真正的人与自然的和谐。恩格斯指出，只有在这样的社会状态下，人们才第一次能够谈到那种同已被认识的自然规律和谐一致的生活。[②]在人与社会方面，由于消灭了私有制，实现了共产主义，于是人才在一定意义上最终摆脱动物界，从动物的生存条件进入真正人的生存条件。"只是从这时起，人们才完全自觉地自己创造自己的历史；只是从这时起，由人们使之起作用的社会原因才大部分并且越来越多地达到他们所预期的结果。这是人类从必然

---

① 中共中央马克思恩格斯列宁斯大林著作编译局. 马克思恩格斯选集. 第1卷 [M]. 北京：人民出版社，2012：139.

② 中共中央马克思恩格斯列宁斯大林著作编译局. 马克思恩格斯选集. 第3卷 [M]. 北京：人民出版社，2012：492.

王国进入自由王国的飞跃。"[①] "在那里,每个人的自由发展是一切人的自由发展的条件。"[②]因而社会既消除了物的役使,也消除了人的役使,人与社会得以和谐统一。在共产主义社会,人们不仅具有多方面的才能,而且具有高度的觉悟和高尚的道德品质,乐意为社会公共事业做出贡献已经成为人的自觉。

三、网络为人的全面发展提供可能

在唯物史观看来,人类必将走向全面发展的阶段,因为随着生产力的发展和社会关系的变革,社会必然会不断地向人的全面发展提出客观上的要求并提供与之相适合的社会条件。生产力和社会关系随着它们的发展必然会变得愈来愈全面,换句话说,人与自然和人与人的关系会越来越丰富,人们的活动和交往范围会越来越广泛。生产力和社会关系的全面性,在客观上必然要求人的发展必须具有全面性,因为只有全面发展的个人才能适应和占有这种全面的生产力和交往关系。具体来看,随着生产力的高度发展,人们的活动内容会越来越丰富,除了具有科学性和多样性的物质生产劳动,还有多方面的具有创造性的精神劳动。所有这些,都要求人必须具有"丰富的个性"和全面的才能。

随着生产力的发展和社会关系的变革,社会不仅会向人的全面发展提出客观上的要求,同时也为实现人的全面发展创造客观条件,从而使人的全面发展成为可能。就像马克思所说的,生产力的"普遍发展"和"交往的普遍性"是人的全面发展的基础,"这种基础是个人全面发展的可能性",个人都是从这个基础出发而得到发展的。网络时代则逐渐在为人的全面发展提供这两个基础条件,由于计算机网络技术的飞速发展,首先生产

---

① 中共中央马克思恩格斯列宁斯大林著作编译局. 马克思恩格斯选集. 第3卷 [M]. 北京:人民出版社,2012:815.

② 中共中央马克思恩格斯列宁斯大林著作编译局. 马克思恩格斯选集. 第1卷 [M]. 北京:人民出版社,2012:422.

力得到了普遍的提高，其次人们的交往范围得到了进一步的扩大，全球性的普遍交往日益形成。可以这样说，生产力的普遍提高和交往范围的不断扩大，为网络时代人的全面发展创造了条件，提供了可能。

（一）网络信息时代：生产力飞速发展

马克思认为，人的自由的、全面的发展是要有客观前提的，而这一客观前提应该首先从物质生产活动领域内去寻找，即以生产力的巨大增长和高度发展为前提。马克思在分析如何实现人的自由、消除人的"异化"时曾论述："这种'异化'（用哲学家易懂的话来说）当然只有在具备了两个实际前提之后才会消灭。要使这种异化成为一种'不堪忍受'的力量，即成为革命所要反对的力量，就必须让它把人类的大多数变成完全'没有财产的'人，同时这些人又同现存的有钱的有教养的世界相对立，而这两个条件都是以生产力的巨大增长和高度发展为前提的。"[①]而生产力的发展则又是以科技的进步为前提的，每一次的技术革命都会给社会带来巨大的变动。正如马克思所说："手推磨产生的是封建主的社会，蒸汽磨产生的是工业资本家的社会。"[②]

在农业经济阶段，人们的生产力主要依靠体力和动物的力量。而且科学技术水平较低，智力开发不足，限制了经济的发展速度，导致人们的物质生活水平和文明程度相对较低。然而，随着蒸汽机等机器的出现，产业革命使人类进入了用机器及其机器体系不断将资源转化为产品的工业经济时代。这种新型的生产力系统极大地提高了劳动生产率，促进了经济的快速发展和社会的进步。在工业经济时代，人类享受着工业文明带来的诸多好处的同时，也体会到工业化带来的环境污染等不良后果。这些负面效应给人类的生存和发展造成了巨大的困境，需要我们不断付出努力来解决。

---

① 中共中央马克思恩格斯列宁斯大林著作编译局. 马克思恩格斯选集. 第1卷［M］. 北京：人民出版社，2012：165-166.

② 中共中央马克思恩格斯列宁斯大林著作编译局. 马克思恩格斯选集. 第1卷［M］. 北京：人民出版社，2012：222.

许多学者认为，资源经济以其资源消耗为主要特征，在经历了200多年的辉煌之后，已经走到了"增长的极限"。这意味着我们无法再像过去那样来维持经济的发展，需要寻求可持续发展的道路。

20世纪中叶以来，随着微电子技术的快速发展，人类进入了高科技蓬勃发展的新时代，其中信息技术成为了核心。高新技术的崛起导致自然资源在经济发展中的地位越来越低，而技术和知识在经济发展和社会进步中的重要性越来越明显。科技进步和知识的积累已经成为国家富强和人类文明的主要动力，这意味着知识经济时代已经到来。特别是20世纪90年代以来，随着网络的迅猛发展，人类的生存空间和生存方式得到了彻底改变。传统的时空限制被打破，网络时代迅速到来。如果说手推磨是农业社会的标志，蒸汽机是工业社会进程的代表，而网络则可以被视为知识经济型社会的技术符号。

正如在论述网络时代的文化特征时所说的那样，技术基础性使人们的交往行为变得直接而迅速。正是这种"即时联系"使整个世界发生着翻天覆地的变革，影响着整个社会经济的发展。《华尔街日报》主编罗伯特·巴特利指出，正在兴起的高技术和统一的全球经济将改造我们的世界，犹如工业革命把农业的中世纪改造成为过去的二百年的工业文明一样。[1]著名计算机技术公司Cisco公司主席则这样评论网络时代的技术：目前的Internet已不再单纯是一种技术，更主要的是它已成为一种新的经济力量，Internet从连接、通信、商务和合作四个层次上彻底改变了人类的工作、生活、学习和娱乐方式，它已成为国家经济和区域性经济增长的主要动力，是国家经济基础设施的一部分。[2]从这个角度来看，未来的经济更应该说是网络经济（从狭义上来讲，网络经济是与计算机网络，特别是互联网相关的经济。它

---

① 萧琛. 全球网络经济［M］. 北京：华夏出版社，1998：30.

② 杨仲山. 基于网络经济认识的核算方法研究：解析网络时代GDP的有效性［J］. 财经问题研究. 2006（02）.

的主要产业包括信息技术产业和信息服务业，其中信息技术产业包括计算机硬件、软件和信息媒介三个方面，而信息服务业则包括新闻、咨询、代理、电信和网络等。从广义上来讲，网络经济是对未来社会的经济视角的描述，是一种没有时空和地域限制的生产者和消费者直接交流的经济模式，即社会化了的直接经济。相较于农业经济和工业经济，网络经济是一种全新的经济形态）。而网络经济给我们带来的好处则远远超过以往任何时代，人们尽管有时可能在账面上会看见巨额亏损，但网络经济为社会创造出来的巨大效益和财富让我们每个人受益匪浅。可以这样说，人们的物质生活水平因为网络而得到了很大的提高。

提起网络利益，就不能不说到互联网的第一个暴发户——网景公司。1994年，詹姆斯·克拉克和马克·安德里森合作创办了"马赛克通信公司"。是年秋天，公司的第一批产品开发出来，定名为"网景"（Netscape），并可免费下载。一时之间，"网景"成为互联网的焦点，因为人们是靠这个产品走进互联网的，在当时人们的心中，浏览器就是互联网，网景就是互联网，马赛克公司也改名为"网景"公司。1995年8月，成立仅18个月、未赢利一分钱的网景公开上市，事先估计每股价格14美元左右。结果一开盘90分钟内经纪人的卖单一张也没出手，因为买者竞相提高报价，从14美元上升到30美元，再涨到55美元，一跃进入蓝筹股的行列，最后才确定了令人目瞪口呆的开盘价：每股71美元！这家投资1700万美元的公司一夜之间变成市场价值20亿美元的巨人，创造了网络时代的第一个神话。此后，雅虎、亚马逊等新兴的互联网公司，在纳斯达克资本市场上翻天覆地，继续创造着网络经济的奇迹。其间，当然也有相当成分的泡沫。但是不可否认的是，网络一经诞生便身披五彩霞衣，受到众人的关注，而其为人们带来的经济利益也是有目共睹的。目前，网络经济早已褪去其稚嫩的泡沫外衣，走向理性的发展。

我们所见到的网络经济活动呈现出愈益丰富的景象，网上银行、电子货币、电子邮箱、网络传真、网络电话、网上会议、电子贸易、虚拟企业、网上购物、网络广告和产品展示等。网上交易也不再局限于书籍、唱片等容易交给快递公司运送的轻巧商品，很多传统公司都找到了各式各样的方式通过网络做买卖。1998年4月，美国商务部公布了美国政府第一部研究信息技术对经济影响的报告——《崛起的数字经济》。报告中指出："数字经济"正以超过整个经济1倍的速度增长，相当于美国国内生产总值的8%。电子商务正以每百天1倍的速度增长，到2002年，将达到3000亿美元规模。而据Forrester研究公司的统计，1999年美国企业与企业之间的电子交易营业额为430亿美元，该数字到2003年可能扩增到1300亿美元，占美国商业交易额的9%。到2006年，它将占美国商业交易额的40%。[①]

网上财富依赖于网络进行信息传播和交流、提供各种信息服务所带来的种种利益。这种财富，不仅是指可赚的经济利益，而且包括所拥有的未来发展机会、业界的认同和在该行业中的主导地位。这好像告诉我们，在网络上发现了一个现在还不能估计储量的金矿，而且与传统实物黄金相比，用金子的人在呈几何级数增加。消费也在呈几何级数增加。亚马逊网上书店的成长史就很好地体现了网络利益的魅力。这个书店的老板原来是IT行业的技术人员，有一天，在开车的路上想到开网上书店，于是投资了1万美元。3年过后，这家书店在华尔街的股票市值达1亿多美元。

网络经济的真正优势在于直接快速地推销（源于网络时代的文化特征），直接体现在它绕过种种中间商，将原来中间商的厚利全归于自己的囊中；快速则体现在交易瞬间完成，人们坐在家里打开电脑便能看到琳琅满目的商品，而轻轻点击鼠标，所需商品就会以最快的速度呈现在你的面前。网上交易可以说是商业领域的重大变革，给企业带来了全面的利益。在网上开展电子商务，有助于树立企业形象、增强竞争力、建立未来发展的战略优势；可以使企业界面对更大的消费群体，获得更多的新顾客，加深企业与顾客间的联系，有利于扩展市场，保持企业的持续发展。与传统

---

① 钟明. 电子商务：从概念到现实 [J]. 经济纵横，2000 (11).

商业相比，网上交易的营销费用低得多，效率高得多，可以节约大量用于广告和促销方面的费用，减少许多烦琐的程序，改变了企业的业务流程，从而大大提高了企业的竞争力。

以网上交易为主体的电子商务的高速发展，已成为推动网络经济的一种强劲的动力。伴随着电子商务概念和内涵的多次扩充，内容的不断丰富和发展，其重心已从最初的对现实经济世界里的商务逻辑的模拟，转而指向构建整个一揽子的网络经济环境，它的发展推动着更为深刻的经济方式的演进。换言之，电子商务就像一种高能推进器，将我们从传统的经营模式推向以网络为中心的未来经营模式。随着互联网技术的不断发展，越来越多的企业开始将业务转移到线上，并通过网络市场吸引更多的消费者。同时，电子商务也促进了不同产业之间的合作和交流，打破了地域限制，扩大了市场范围。

除此以外，网络远程教育的出现使得人们受教育的机会大大地增加了。随着互联网的普及，即使身处偏远山村，只需要一台电脑和网络连接，就能够获取来自全球最权威的学术机构所提供的教育资源。在国内，网络教育正在兴起，并且已经取得了显著的成果。在网络资源共享的前提下，喜欢高雅艺术的人们不再因门票费用昂贵而无法欣赏音乐会和歌剧演出，他们只需要在互联网上搜索，就可以轻松听到各种绝妙的音乐或看到精彩的演出。

正像经济全球化不仅为发达国家赢得了更多的财富、也促进了发展中国家经济的进步一样，网络经济也必将给全世界带来好处。对于这样的好处究竟有多少，笔者无法回答，正如比尔·盖茨所说，我们今天想象它的未来，就如同石器时代使用原始石刀的人类无法想象文艺复兴时期伟大艺术家的杰出雕塑一样。总之，随着计算机网络技术的急速发展，网络经济的应运而生，生产力将会得到巨大的提高，社会物质财富也因此变得越来越充足。而这一条件的充足发展，为人的全面发展打下了坚实的基础。

（二）网络信息时代：人际交往关系不断提升

马克思曾指出，人的本质在其现实性上，是一切社会关系的总和。个人的社会关系越丰富，他的本质也就越丰富，其发展就越全面。因此，个人要形成自己丰富的本质和获得多方面发展，就必须为自己建立起"丰富的社会关系"，必须参加众多领域、众多层次的社会交往，扩大交往范围，使自己摆脱个体的、地域的和民族的局限性。正如马克思所指出的："最后，地域性的个人为世界历史性的、真正普遍的个人所代替。"① "因此，无产阶级只有在世界历史意义上才能存在，就像共产主义——它的事业——只有作为'世界历史性的'存在才有可能实现一样。而各个人的世界历史性的存在，也就是与世界历史直接相联系的各个人的存在。"② 这种世界历史性存在是人类发展的较高阶段，人的发展的必然和进步。在此之前，人类由于交往关系和范围的局限，并未得到全面的发展。

在农业社会，人的活动只是在狭窄的范围和孤立的地点上进行，因而社会不可能为个人营造丰富的社会关系，单个人之间或者"没有联系"，或者只有以自然血缘关系为基础的地方性联系。在封闭式的自然经济中，个人被牢牢地束缚在一个活动点上，交往范围极其有限。马克思在描述欧洲封建时代农村的社会交往关系时指出："小农人数众多，他们的生活条件相同，但是彼此间并没有发生多种多样的关系。他们的生产方式不是使他们互相交往，而是使他们互相隔离。这种隔离状态由于法国的交通不便和农民的贫困而更为加强了。他们进行生产的地盘，即小块土地，不容许在耕作时进行任何分工，应用任何科学，因而也就没有任何多种多样的发展，没有任何不同的才能，没有任何丰富的社会关系。每一个农户差不多都是自给自足的，都是直接生产自己的大部分消费品，因而他们取得生活资料

---

① 中共中央马克思恩格斯列宁斯大林著作编译局. 马克思恩格斯选集. 第1卷［M］. 北京：人民出版社，2012：166.

② 中共中央马克思恩格斯列宁斯大林著作编译局. 马克思恩格斯选集. 第1卷［M］. 北京：人民出版社，2012：166-167.

多半是靠与自然交往，而不是靠与社会交往。一小块土地，一个农民和另一个家庭；旁边是另一小块土地，另一个农民和另一个家庭。一批这样的单位就形成一个村子；一批这样的村子就形成一个省。这样，法国国民的广大群众，便是由一些同名数相加形成的，好像一袋马铃薯是由袋中的一个个马铃薯所集成的那样。"①这一分析完全适合整个自然经济状态下的社会交往关系。另外，社会关系的"依赖"性质以及等级制度也大大限制了人与人之间的社会交往，使个人本来就很贫乏的交往关系变得更加狭窄。在这样的交往关系下，个人既不可能有自由充分的发展和"丰富的个性"，更无鲜明的个性可言，人们几乎都成了一个面孔。

在工业社会，开始形成了"普遍的社会物质交换，全面的关系，多方面的需求以及全面的能力的体系"②。资本主义商品经济的迅速发展以及分工的扩大和深化，为人们建立了比以往丰富得多的社会关系。日益精细的分工虽然裂解了个人的原始丰富性，破坏了人的"自然等同状态"，但却形成了个人之间心理上的差别，塑造了比较鲜明的个性，人们之间的交往关系大大地扩展了。不过，就在社会关系日益丰富的同时，我们也进一步看到，这种关系除了赤裸裸的利害关系，除了冷酷无情的现金交易，就不再有别的了。正如马克思所说："各个人在资产阶级的统治下被设想得要比先前更自由些，因为他们的生活条件对他们来说是偶然的；事实上，他们当然更不自由，因为他们更加屈从于物的力量。"③"各个人看起来似乎独立地（这种独立一般只不过是错觉，确切些说，可叫做——在彼此关系冷漠

---

① 中共中央马克思恩格斯列宁斯大林著作编译局．马克思恩格斯文集．第2卷［M］．北京：人民出版社，2009：556．

② 中共中央马克思恩格斯列宁斯大林著作编译局．马克思恩格斯文集．第8卷［M］．北京：人民出版社，2009：52．

③ 中共中央马克思恩格斯列宁斯大林著作编译局．马克思恩格斯文集．第1卷［M］．北京：人民出版社，2009：572．

的意义上——彼此漠不关心）。"①因此，这种社会关系对个人来说是外在的、偶然的和强制的，个人并不能控制自己的社会关系。另外，社会关系的物化，也使个人在社会交往中必然受到社会地位的限制。

在知识型社会（即网络时代），因为互联网的存在，人们突破宗法血缘和地域的限制，形成了普遍联系的世界。首先，互联网深化了联系的中介。事物之间的联系需要一定的媒介，虚拟现实（即网络世界）在这种中介方面体现着自身的优越性。虚拟现实将事物之间的过渡描述得比较自然。虚拟现实是物质与意识相互过渡的中间状态，兼有物质和意识的特征，不能被归结为任何一方的独立阶段，因此保持相对的独立性。依此，我们可以把事物分成物理现实阶段、虚拟现实阶段、意识世界阶段。物理现实只有经过虚拟现实阶段才能进入意识阶段。总的来说，互联网的发展使得虚拟现实得以实现，从而更加深化了事物之间的联系。虚拟现实在很大程度上拓展了人们的认知边界，同时也为人们提供了全新的体验和娱乐方式。虚拟现实作为一种现代高科技提供的最理想的中介形式，已经成为当今数字化时代不可或缺的一部分。

其次，互联网提出了非线性联系图式。传统哲学认为，事物之间的联系是多样的，并可以按照不同的方式进行分类。其中最常见的分类包括：直接联系和间接联系、主要联系和次要联系、必然联系和偶然联系、本质联系和非本质联系等。超文本技术是在文本信息页中加入链接，形成非线性联系的图式，使得复杂事物之间的联系更加清晰。超文本技术是一种以网状形式处理信息的多媒体技术，可以处理文本、图形和声音等不同类型的文件。它就是把各种信息串联起来，以便更好地呈现和处理这些信息。简而言之，线性故事的情节是按照时间顺序依次发生的，而超文本的情节则可能根据读者的选择、兴趣和需求以不同的顺序展示。这使得读者能够

---

① 中共中央马克思恩格斯列宁斯大林著作编译局. 马克思恩格斯文集. 第8卷［M］. 北京：人民出版社，2009：58.

更加自由地探索故事，以及深入挖掘其中的主题和意义。可以说，超文本是更符合实际的。我们知道，一个复杂的事物通常由多个不同的部分组成，每个部分都与周围的事物有着各种联系，形成了一张树状图或者网状图。超文本就是利用网络思维来构建这些事物之间的关系，并且能够轻松地找到相关的事物。当我们知道这些事物之间的关系时，就可以创建一张事物联系的网络图。互联网之所以引人注目，原因之一便是它能够轻松地将世界不同机器上的不同数据库中的信息连接起来，把一幅非线性的联系画面提供在我们面前。

正是在互联网构建的世界中，人们的交往范围得到了进一步的扩大，交往关系也日益丰富，从而形成了网络时代全球化的普遍交往。

1. 交往的对话性

网络具有传统媒体所不具有的特质，"规范的广播媒体的传播形式是单向的，但新型的互动式数字媒体的信息传播却是双向同时进行的……数字化将从本质上改变大众媒体——从传统的单向地将信息送给大众转变为促使大众（或他们的电脑）主动吸纳信息"①。但主动地吸纳还远远不够，这种双向互动还表现为网络的消费者主动反馈信息，甚至直接成为信息的制造者与传播者，这样，网络交往的对话性就不仅囿于网络文化的生产者与消费者之间的对话，而且还涵盖着消费者与消费者、生产者与生产者之间的对话。例如，处在不同地域的网络用户共时性地网上聊天，就是一种典型的对话形式。同时，这种网络对话还具有一种实时性的特征。也就是说，一旦网络用户键入某种命令，假如命令成功的话，网络会以最快的速度予以回应，反之亦然。

总之，无论是从互动性还是实时性上来看，网络世界的交往都是自由的，同时也是平等的。对话双方不存在地位的差别和等级的高低，更没有所谓的"世界中心"。网络这种"无中心结构"和宽容、平等的对话精神反

---

① ［美］雷吉斯·麦肯纳. 时间角逐 ［M］. 周华公，译. 北京：经济日报出版社，1998：66.

过来又大大提高了言论表达的自由度。在网络世界，人们自由思想的碰撞随处可见，而由此产生的思想火花也都已成燎原之势。

2. 交往的全球性

有学者认为，交往的全球性是指多极主体通过信息化、网络化技术交往结构的中介对世界进行变革和改造的活动，是相互联系结成普遍交往关系的过程，这种交往关系及其活动范围达到了全球规模。笔者十分赞同这样的理解。互联网带给我们的也正是这样一种交往。

交往全球性的前提是：由互联网构建的世界变革了人的"世界图景"。所谓"世界图景"，是人以自己把握世界的各种方式，把自在的世界变成自己的观念中的客体。科学在人类构建世界图景的过程中扮演着重要角色，这是不争的事实。随着互联网技术的普及，互联网革命引起了对我们世界图景的变革。这种变革不仅革新了科学理论，改变了我们对世界的看法和认知，而且也为我们创造了一个与现实有别的虚拟世界，在这个虚拟世界的意义上变革了我们的世界图景。互联网通过提供无限的信息和知识资源，让我们可以更加深入地了解世界，同时也提供了一个全新的交流和互动平台，让我们可以更好地与世界进行联系和沟通。因此，互联网的出现和发展对于我们的世界观和认知方式都产生了深远的影响，促进了我们的全球化思维和多元化文化的交流。互联网将人们从时间和空间的限制中解放出来，打破了传统的信息壁垒，使得人们可以自由地获取和分享知识，可以同时享用和把握世界的各种方式所构成的丰富多彩的世界图景。

交往全球性的标志有二：一是互联网为人们提供的无限交往的空间。互联网的非线性让人们的日常交往呈现出错综复杂和无限性的局面，在这个空间中任何一个人可以和身处其他国家、其他地区网络之中的任何一个人联系交往。二是互联网带来经济和文化的全球性交往。在网络经济的形成过程中，各大跨国公司以及电子商务公司的异军突起和蓬勃发展促使全球经济一体化，这已是全世界人民有目共睹的事情。除此以外，文化交往的全球化也正在凸显出来。互联网作为一个全球性的展示平台，架设了个体与全球之间的文化桥梁。毋庸置疑，人们通过互联网可以轻松地接触到来自世界各地的不同文化和思想，这加快了全球文化的交流和碰撞，并让每个接触到它的个体都感受到自己置身于一个参照系中。这一参照系对各种精神产物具有吸引力和凝聚力，使其本身构成了一个心理惯性和价值判断频繁交锋的磁场。由于网络世界交往对话性的缘故，个体自主性较之以往更加突出，从而使得人们会被不同文化和思想所吸引和影响，形成自己的认知和价值观。另外，参与其中的个体不但能够在这里发现"全球意识"，寻觅与世界"接轨"的途径，而且在这里发现"他者"，以便用一种"非我的""陌生的"眼光审视"本我"，做出比较和抉择。这也促进了人类文明的多元化和交流，推动了人类社会的发展。

3. 交往的信息共同体

在工业社会中，实践交往的纽结主要是利益的驱动使不同的个人、不同的集体结成利益共同体。而在网络时代，由于知识与信息价值的飙升，使共同体的形成更多地由知识与信息牵线。正如日本社会心理学家池田谦一在《电子网络的社会心理》一书中所说的："电脑通信在电子空间中能一下子飞跃时间、空间与社会的篱笆……纯粹以'信息之缘'连接的人与人关系成为可能。在这个意义上形成了全球性的没有制约的中间集团，它给予人们的创造性动力的可能性是无法估量的。"[①]显然，由信息之缘结成的新型共同体，可以说是一种信息共同体，或者叫"电子共同体"，它正在对实践交往的单一取向——利益共同体的形成，产生强有力的冲击。

由以上交往的特征可以看出，网络时代的交往范围比以往任何社会都要有所扩展，全球性的交往已经不再是人类的设想。交往关系不仅因此更加丰富，而且也有所提升——从物质层面逐渐向精神层面发展。正是这样的一种交往关系，使人的全面发展成为可能。

---

① 鲍宗豪. 网络时代与网络的社会文化价值 [J]. 上海社会科学院学术季刊, 2001 (02).

四、网络信息时代人的发展现状

按照马克思主义的理解，实现人的全面发展应该有三个条件：第一，劳动性质的改变；第二，自由时间的增加；第三，社会关系的丰富。随着网络时代的来临，以及生产力和交往关系的发展，这三个条件正逐渐走向成熟。

从生产力方面看，因为生产力的高涨不仅带来剩余劳动的剧增，为个人提供越来越充沛的自由时间，同时也促进了劳动性质的改变。而自由时间的充沛和劳动性质的改变正是消灭旧分工的重要条件，个人将不再被强制性地长期甚至终生凝固在某一活动范围内。另外，网络时代生产力的高度发展，带来了产品的极大丰富，从而为个人全面而充分的发展提供必要的发展资料和充分的物质保障。

从交往关系方面看，网络时代交往范围的扩张打破了地域间和国家界限，计算机网络技术以独特的方式将人们联系在一起，逐渐使得政治、经济和文化等方面的交流日益普遍。个人的社会关系变得更加丰富，个人与无数其他人进行广泛交流，从而与整个世界的物质生活和精神生活相互联系。这一切使个人能够摆脱个体、地域和民族的局限，拓宽视野并更新观念。另外，网络时代交往关系的丰富，使个人获得了交往的自由，人成为社会关系的主人。

在网络时代，劳动不再是一种诅咒，一种不自由的、折磨人的事情，而是一种真正的享乐，是建立在自觉自愿基础上的劳动；自由时间也因为计算机网络的参与变得多了起来，人们将奔波在行走之间的时间节省下来，用作从事其他的事情；交往关系的丰富带来社会关系的丰富，个人有了相对独立和自由的空间，形成了多姿多样的"自由个性"。

（一）劳动与享乐的同一

马克思既然把劳动看作是一种使人成为人的力量，他就不能不把劳动的解放提到第一位。马克思认为，物质生产劳动是人获得全面发展的重要途径。劳动应该是一种自由而有意义的活动，而不应是艰辛、机械、乏味的劳动。只有当劳动成为人们自主选择的行为，并且与享乐相结合时，即达到劳动和享乐的同一，才能真正实现人的全面发展。但是马克思又认为，劳动和享乐的同一必须建立在一定的客观基础之上，这个基础，就是劳动本身的改变。而改变劳动的根本途径，就在于劳动的科学化，即把物质生产建立在现代科学技术的基础之上，使科学技术与生产达到高度的统一。因为科学化的劳动不仅能使劳动具有多样性，同时也可以改变人的劳动方式，使个人逐步摆脱物质生产领域内分工的限制。现代工业技术基础的革命性就带来了劳动方式的改变，使得更多的人有了就业的机会，但是工业社会中劳动的"异化"现象依然不能使劳动与享乐达到同一。

在工业社会中，"首先，劳动对工人来说是外在的东西，也就是说，不属于他的本质；因此，他在自己的劳动中不是肯定自己，而是否定自己，不是感到幸福，而是感到不幸，不是自由地发挥自己的体力和智力，而是使自己的肉体受折磨、精神遭摧残"[①]。劳动活动对劳动者的这种外在的、异己的关系，使"工人只有在劳动之外才感到自在，而在劳动中则感到不自在，他在不劳动时觉得舒畅，而在劳动时就觉得不舒畅"[②]。人们像逃避鼠疫一样逃避劳动，劳动对劳动者已成为"一种自我牺牲、自我折磨"。对劳动者来说，"劳动不是他自己的，而是别人的；劳动不属于他；他在劳动中也不属于他自己，而是属于别人"[③]。透过马克思对工业社会中劳动者同劳动活动本身相异化的揭露和批判，可以看到马克思关于劳动的理解：劳动对于劳动者来说本应是与他的内在本质相统一的、自由自主的活动；劳

---

① 中共中央马克思恩格斯列宁斯大林著作编译局. 马克思恩格斯选集. 第1卷 [M]. 北京：人民出版社，2012：53.

② 中共中央马克思恩格斯列宁斯大林著作编译局. 马克思恩格斯选集. 第1卷 [M]. 北京：人民出版社，2012：53-54.

③ 中共中央马克思恩格斯列宁斯大林著作编译局. 马克思恩格斯全集. 第3卷 [M]. 北京：人民出版社，2002：271.

动者在劳动中应当是肯定自己，自由自主地发挥自己在体力和智力上的潜能，从中感受到劳动的幸福。但是在马克思的字里行间同时也体现了这样的一种意思，在消除了劳动异化的条件下，享乐并不等于安逸，更不等于游手好闲。真正的劳动，是与享乐同一的劳动；真正的享乐，是以劳动为基础的享乐。马克思的这种观点与亚当·斯密有所不同，亚当·斯密曾把劳动理解为是一种诅咒，一种不自由的、折磨人的事情，而不劳动、安逸才是适合的状态，才是与"自由"和"幸福"等同的东西，马克思主义者认为亚当·斯密没有超出剥削阶级的思想局限；与傅立叶理解的劳动也存在区别，傅立叶虽然提出了劳动和享乐同一的光辉思想，但是他却把这种同一的基础看成是人的主观情欲，而没有看到这种同一的客观基础，因此傅立叶所设想的劳动和享乐的同一性在很大程度上只是一种空想。

在网络时代，由于计算机网络技术的发展，改变了人们的劳动方式，同时也使劳动呈现出多样化的态势。人们不再只局限于一种工作，人们有了更多的可以选择的机会。当面对种类繁多的工作时，人们往往可以从中挑选出一件最为适合自己的工作。即使从事此项工作以后，发现并不适合自己，这也没有关系。计算机网络产业的兴起，制造出越来越多的空缺职位，从而能够满足各色人等的需要。在计算机网络产业中，"跳槽""辞职"已经不是什么新鲜的字眼了。因为人们知道，当他们递交辞职书的时候，迎接他们的是无数其他工作的机会，在这其中，他们坚信有一件工作必将十分适合自己，而不是像工业社会中人们所担心的那样——被"炒鱿鱼"之后我将何去何从。正是由于大量工作机会的存在，人们可以选择自己喜欢的一种，因此这件工作对于工作人员本身来说已不再只是一种谋生的手段，更不是一种负担，而是一种享受。缘于喜爱，于是人们愿意做出更多的付出，对于工作的投入以及尽职尽责也了然于心。生活中，人们不禁会发现身边的每一件物品无不凝聚着劳动者的思想与智慧，哪怕是短短1分钟的Flash动画，从某种意义上来讲，这与其说是件物质产品，不如说这是件精神产品。深夜，置身网络之中，你会发现同你一样热爱劳动的人比比皆是，人们变得越来越钟爱自己的工作，在劳动中人们能够感受到收获的喜悦。在这里，劳动与享乐得到了同一。

当然，并不是每一个人都能找到适合自己的工作，或者说是自己喜爱的劳动。但是，由于网络时代计算机网络技术的飞速发展，给劳动者创造了一个非常舒适的工作环境，人们早已不再沉溺于烦琐且细碎的工作而不能自拔，现在的人们只需思考"如何做"的宏观问题，至于操作上的事情交给计算机即可。就拿文秘工作来说，以前画一种表格需要准备的工具就需要尺子、纸张、笔，画起来还得十分仔细；现在这些工具一概不需要，在Excel软件中，输入表格中的数字即可自动生成表格，同时还包括反映表中各种项目的比例图形。Excel软件只是众多计算机软件中简单的一种，还有更多高级的软件可以解决曾经让人们十分头疼的问题。因此，从某种程度上来说，网络时代的劳动已经不是一件"折磨人"的劳动。

诚如马克思所说，真正自由的劳动："（1）劳动具有社会性；（2）这种劳动具有科学性，同时又是一般的劳动，这种劳动不是作为用一定方式刻板训练出来的自然力的人的紧张活动，而是作为一个主体的人的紧张活动，这个主体不是以单纯自然的，自然形成的形式出现在生产过程中，而是作为支配一切自然力的活动出现在生产过程中。"[1]"劳动会成为吸引人的劳动，成为个人的自我实现。"[2]将此对比网络时代的人类劳动状况，不难发现劳动本身已经发生了改变，劳动是建立在人们自觉自愿基础上的劳动，同时也成为人们的内在要求和生活的第一需要，而且在劳动中人们感受到了喜悦和快乐，劳动的"异化"现象得到了明显的消除。劳动和享乐在此同一。

---

① 中共中央马克思恩格斯列宁斯大林著作编译局. 马克思恩格斯全集. 第30卷［M］. 北京：人民出版社，1995：616.

② 中共中央马克思恩格斯列宁斯大林著作编译局. 马克思恩格斯文集. 第8卷［M］. 北京：人民出版社，2009：174.

（二）自由时间的增加

马克思主张人类的全面发展需要提供各种精神活动的机会和条件，而不能仅局限于物质生产。随着社会的发展，物质劳动将逐渐成为人类活动的次要方面，因此社会不再需要投入大量的人力资源在这个领域。如果一个人只关注于单一领域的发展，比如只重视物质生产，那么他将无法获得自由和充分的发展。另外，物质劳动对人的发展的作用毕竟是有限的。相对于物质劳动，精神活动具有更高的创造性和自主性。在物质劳动中，个人需要遵守统一的模式来保持效率和一致性。但在精神活动中，个人可以更加审视自己，表现自己并实现自我价值。因此，多样化的精神活动是实现人类全面发展的关键之一。而获得多样化的精神生活则要有更多的自由时间。正是根据这种观点，马克思总是把充分发展和发挥个人才能的思想同缩短劳动时间联系在一起。

"在共产主义社会，这个劳动时间将会大大缩短。人们只需要从事较少时间的劳动，就能为社会创造出足够的财富。这样，人们就可以有大量的自由时间来从事科学、艺术等活动，从事自己感兴趣的活动，从而极大地促进自身全面素质的提高。而这种自由时间里的活动反过来又成为提高劳动者能力和创造力、促进生产力进一步发展的强大动力。"①然而，人类的目的决不是要使自己永远局限于物质生产这个"必然王国"（虽然它是人类永远不可摆脱的自然必然性王国），而是要逐渐向以人的能力的全面、自由发展为目的的"自由王国"过渡。但是，要实现"必然王国"向"自由王国"的过渡，"工作日的缩短是根本条件"。因为"无论是个人，无论是社会，其发展、需求和活动的全面性，都是由节约时间来决定的"，只有拥有大量的自由时间，个人才能为人的自由而全面的发展提供良好的条件。

关于自由王国的实现，马克思又进一步论述道，人类要获得充沛的自由时间，就必须使物质生产力获得巨大的发展。在生产力低下的时代，由

---

① 本书编写组. 马克思主义基本原理［M］. 北京：高等教育出版社，2021：310-311.

于人们必须投入大量时间进行必要的劳动，因此没有足够的时间参与社会公共事务，例如劳动管理、国家事务、法律事务、艺术和科学等。这种情况导致出现了一些从事以上事务的特定阶级或阶层，他们脱离了实际的劳动。可见，要使全体社会人员都获得全面而自由的发展，生产力的发展水平是一个根本条件。

网络时代的来临，生产力得到了飞速发展，同时为我们带来巨大的网络利益，人们的物质生活水平有了明显的改善。可以这样说，网络时代的生产力发展水平为人的全面发展准备了充足的条件。人们不再会因为生计的缘故而忙碌地工作，人们可以用更多的时间去从事工作以外的事情。艺术殿堂仿佛已经为那些普通的平民打开了大门，而人们此时因为拥有了时间和金钱，便可从容地进出于歌厅、剧院、演奏厅等，高雅艺术越来越被人们所接受，人们的精神活动日渐丰富起来。而人们拿着手里的现金购置计算机，则为人们的精神活动开辟了一片更为宽广的空间。

利用计算机可以解决一些琐碎、复杂的事情，为人们节省了时间；通过网络，人们的工作将不再需要去传统意义上的办公室，人们可以免去舟车疲惫在家里办公，甚至可以就地办公，从而极大地提高了人们的工作效率，节省了时间。人们借此可以利用空余的时间去做其他的事情。当然走出家门去参观一场别开生面的书画艺术展览，是一种不错的精神文化活动。不过，网络时代的人们更多的选择是通过网络这种交往方式参与精神文化活动。在网上，人们可以找到更加丰富的艺术作品，因为网络空间可以容纳的数量远比物质世界要多得多。网络以低成本、全方位的特点使远程输送各种艺术品成为可能，为计算机前不同的个体传递不同的艺术作品，并为他们提供评价场所，增强了艺术家、艺术机构、欣赏者之间的交流和联系，使艺术成为艺术本身而不是商品。从这点来看，与工业社会有着本质的区别，工业社会的艺术有一种技术趋同性，缺少艺术创造和艺术欣赏的民主。更重要的是，网络可以使每一个个体不再停留在艺术欣赏层次上，而是进入到艺术创造活动中。人们可以通过网络在世界各地找到欣赏自己作品的观众、听众，还有许多电脑爱好者进行非常个性化的电脑程序创作，比如Flash动画和视频制作。

诚然，网络向人们提供了绝好的交流平台。不同个体之间除了交换艺术作品及其感受之外，网络交往极强的对话性还为我们营造了一个真正的思想的交往场所。畅游在网络上的人们由此更能跨越现实的藩篱敞开心扉，进行精神文化层面的内在交往。正因如此，才演绎了互联网上一幕幕动人的故事，诸如：一个走在犯罪边缘的人在网友的规劝下走入了正常的人生轨道；一个无法面对生活挫伤的人在感受了网络家园的温暖之后重新鼓起生活的勇气；两个对中国古典文化有着浓厚兴趣的异国人在网络上彼此交流心得并成为了最好的朋友，等等。通过网络这一传播媒介，使得人们在跨地域的交流中，不断认识到存在于人类之中的共同生存理念，从而提升自己。

由此可以看出，在网络时代，由于计算机网络带动网络经济的飞速发展，人们的物质生活水平得到了极大的提高，自由时间因此日益增加。人们在必要劳动时间之外，可以从事更多的精神文化活动，而网络则为人们提供了一个不错的精神交往空间。人们在网络空间不断地得到了精神上的享受，从而使个人自身得到了不断的丰富，从而获得多方面发展的可能。

（三）自由个性的形成

"建立在个人全面发展和他们共同的、社会生产能力成为从属于他们的社会财富这一基础上的自由个性"[①]，是人的发展的第三个阶段，即全面发展的阶段。在这一阶段，个人的社会关系高度丰富，广泛的社会交往成为人们生活中一个极其重要的组成部分。同时，这种社会关系不再以物的依赖性为基础，人与人的关系不再以物为纽带，个人真正是"作为个人"，而不是作为某一社会等级的成员处于各种社会关系之中。共产主义的"自由

---

① 中共中央马克思恩格斯列宁斯大林著作编译局. 马克思恩格斯文集. 第8卷［M］. 北京：人民出版社，2009：52.

个性"，不仅具有丰富的社会关系，而且他们也能够共同控制这种关系。
"共产主义社会中人的自由而全面的发展指的是全体社会成员的发展，即每一个人的发展，而不是只有一部分人的发展。"①这样，个人的社会交往便摆脱了地域和民族的限制以及物的依赖性的外在强制。

　　从以上马克思的第三阶段分析中，可以看出"自由个性"的形成对于人的全面发展的重要性。如果将网络时代的交往关系的丰富与之相比较，我们不难发现网络时代人的发展正朝着马克思所设想的道路前进。首先，交往范围的不断扩张，丰富了人们的交往关系。通过网络，每一个个体均可与世界各地的其他个体相互联系，没有地域、民族、国度的限制，网络时代的交往具有全球性。人们因为各种原因相互交往，或生活上，或工作上，交往关系日益丰富。其次，交往的对话性使得人们摆脱了等级关系，成为平等的个体。网络没有中心可言，同样也没有等级或者权威的说法。最后，交往不存在物的依赖性，更多的是精神层面的内在交往。在网络交往之中，没有利欲熏心的气氛，没有漠不关心的友情，人们喜欢在这样的自由空间畅所欲言，喜欢在这样无拘无束的场所为朋友出谋划策，"寻找自己喜爱的东西"成为网际之间的人们的共同目标。

　　网络时代的这三个方面形成了当代人的"自由个性"，并表明个人在社会关系方面获得了自由，这种自由就是把人的世界和人的关系还给人自己，就是人成为社会关系的主人。人们不再只是依靠单飞的鸿雁传递友情，"海内存知己，天涯若比邻"已不是神话；人们不再苦苦挣扎于钩心斗角的人际关系，"何当共剪西窗烛，却话巴山夜雨时"也不再只是诗句。

---

① 本书编写组. 马克思主义基本原理［M］. 北京：高等教育出版社，2021：310.

第三节　加强中国特色的网络信息先进文化建设

进入21世纪，世界人民经历了"经济全球化"的震颤，"经济全球化"导致"文化的全球化"，而"全球化"从根本上说就是一种以经济行动策略来实现的新的文化整合过程，它的最终结果就是瓦解各民族文化的具体性和个性，将各民族文化"同化"到同一文化秩序、结构之中。网络文化如火如荼的发展势头，加快了这一过程。社会主义文化是一种高度文明与自由的文化，它是人类灿烂历史的荟萃和人类文明进步的结晶，是高尚道德的凝聚和时代精神升华的先进文化，面对网络新殖民主义、文化霸权主义的大举进攻，中国特色社会主义文化要保持先进性就必须与时俱进，融入到网络文化中，加强中国特色社会主义网络文化阵地的建设，构建当代中国网络先进文化系统，把网络文化建设看成是社会主义精神文明建设的重要内容。

一、网络信息文化在中国的发展现状

虽然我国是一个涉足网络文化较晚的国家，但发展的速度却是惊人的。中国政府空前重视其发展，产业扶持政策史无前例，全国软件产业规模迅速扩大，软件产品出口放量，出口成为我国软件产业又一亮点，上网人数呈几何级数上升。据中国互联网络信息中心（CNNIC）等资料显示，我国于1994年4月开始正式接入Internet。1995年以前，我国的上网用户数几乎为零。从1997年开始，上网用户数以每年近2倍的比例递增，因特网在中国的发展全面进入了高速增长时代。"九五"开始之时，我国Internet的国际出口带宽几乎为零，而到了2000年下半年，Internet的国际线路带宽达到1234M。2000年3月，我国第一个互联网交易中心在北京开通，从而使我国主要互联网间互通带宽由原来的不足每秒10兆比特提高到每秒100兆比特。1997年，中国互联网络信息中心第一次对国内的上网情况进行调查，当时上网的计算机有29.9万台，上网用户数为62万，CN注册的域名数为4066个。2000年6月30日，国内上网的计算机已达650万台，上网用户达到1690万。而到了2001年12月31日，上网计算机数已达到1254万台。比2000年同期增长40.6%，网民已达3370万，2002年我国网民达到了6100万，成为仅次于美国的第二大网络市场，CN下注册的域名总数为99734个，WWW站点数量为27289个。[①]中国互联网络信息中心（CNNIC）2021年8月在北京发布《中国互联网络发展状况统计报告》显示，截至2021年6月，我国网民规模达10.11亿，较2020年12月增长2175万，互联网普及率达71.6%。[②]10亿用户接入互联网，已经形成了全球最为庞大、生机勃勃的数字社会。庞大的网民规模为推动我国经济高质量发展提供强大内生动力。

1. 互联网基础资源加速建设，为网民增长夯实基础。据报告显示，我国网民的人均每周上网时长为26.9个小时，较2020年12月提升0.7个小时。我国IPv6地址数量达62023块/32，较2020年底增长7.6%。移动电话基站总数达948万个，较2020年12月净增17万个。一是我国拥有全球最大的信息通信网络。截至2021年4月，我国光纤宽带用户占比提升至94%，固定宽带端到端用户体验速度达到51.2Mbps，移动网络速率在全球139个国家和地区中排名第4位。二是我国5G商用发展实现规模、标准数量和应用创新三大领先。截至2021年5月，我国5G标准必要专利声明数量占比超过38%，位列全球首位；5G应用创新案例已超过9000个，5G正快速融入千行百业，呈现千姿百态，已形成系统领先优势。三是工业互联网"综合性+特色性+专业性"的平台体系基本形成。近年来，我国工业互联网平台体系基本形成，具有一定行业和区域影响力的工业互联网平台超过100家，连接设

① 科技：更具有革命性推动力量［N］. 光明日报，2000-09-24.

② 第48次中国互联网络发展状况统计报告［R］. 北京：中国互联网络信息中心，2021-08-27.

备数超过了 7000 万台（套），工业 App 超过 59 万个，"5G+工业互联网"在建项目已超过 1500 个，覆盖 20 余个国民经济重要行业。[①]

2. 数字应用基础服务日益丰富，带动更多网民使用。互联网及科技企业不断向四五线城市及乡村下沉，带动农村地区物流和数字服务设施不断改善，推动消费流通、生活服务、文娱内容、医疗教育等领域的数字应用基础服务愈加丰富，为用户带来数字化便利。例如：（1）数字乡村建设持续推进，农村互联网普及率不断提升。截至 2021 年 6 月，我国农村网民规模为 2.97 亿，农村地区互联网普及率为 59.2%，较 2020 年 12 月提升 3.3 个百分点，城乡互联网普及率进一步缩小至 19.1 个百分点。农村地区通信基础设施逐步完善，推动农村互联网使用成本逐步下降。行政村通光纤和 4G 的比例均超过了 99%，农村和城市"同网同速"，城乡数字鸿沟明显缩小，年底有望实现未通宽带行政村动态清零。随着数字化应用日趋完善，广袤的下沉市场逐步享受到数字化带来的便利和实惠。截至 2021 年 6 月，农产品网络零售规模达 2088.2 亿元，全国乡镇快递网点覆盖率达到 98%，有效打通了农村消费升级和农产品上行的末梢循环。（2）特殊群体无障碍服务进一步完善，科技创新成果惠及全民。截至 2021 年 6 月，50 岁及以上网民占比为 28.1%，较 2020 年 6 月增长 5.2 个百分点。2020 年以来，相关部门大力推动互联网应用适老化水平及特殊群体的无障碍普及。国务院办公厅印发《关于切实解决老年人运用智能技术困难的实施方案》、工业和信息化部印发《互联网应用适老化及无障碍改造专项行动方案》，提出优先推动 115 家网站、43 个 App 进行适老化改造，着力解决老年人、残疾人在智能技术面前遇到的困难。同时互联网企业及社会各界积极响应，加快解决老年人无健康码出行难、不会操作就医难等问题，健康码适老化相关功能已覆盖全国至少 3000 万老年群体，科技和互联网企业在地图、新闻等应用中开通针

---

① 第 48 次中国互联网络发展状况统计报告［R］. 北京：中国互联网络信息中心，2021-08-27.

对残疾人群的无障碍功能，推动科技创新成果惠及全民。（3）网上外卖蓬勃发展，行业生态持续改善。截至2021年6月，我国网上外卖用户规模达4.69亿，较2020年12月增长4976万，在各类调查应用中增速最为明显。随着我国经济活力的全面恢复以及外卖行业监管进一步加强，外卖行业数字化水平不断提升，新消费趋势凸显，行业覆盖内容更加丰富多元。特别是疫情防控以来，以生鲜、药品为代表的即时配送业务飞速发展，与餐饮外卖共同助力惠民生、稳经济。伴随着用户在疫情防控中逐渐养成的零售消费习惯，各类非餐饮外卖业务占比正在不断扩大，外卖行业覆盖内容不断丰富。与此同时，外卖行业生态与骑手权益保障也受到社会广泛关注，行业生态环境持续改善，推动外卖行业健康长远发展。（4）在线办公市场日益活跃，服务能力不断提升。截至2021年6月，我国在线办公用户规模已经达到3.81亿，而且在线办公细分应用也在持续发展。同时，随着企业数字化转型的不断推进，以在线办公为代表的灵活工作模式将持续创新发展。此外，新型基础设施建设的不断加快，包括5G、大数据、物联网和人工智能等，将带来更快的响应速度、更广泛的功能适用性等服务性能的提升。这些趋势表明，越来越多的人将采用在线工具进行办公和协作。同时，这也为在线办公平台和相关服务的开发和创新提供了巨大的机遇和挑战。[①]（5）在线医疗用户规模快速增长，医疗养老健康服务成为新热点。近年来，互联网医疗在中国得到了长足的发展，这也为缓解医疗资源不足和改善就医体验提供了有力支持。随着各地方政府逐渐出台对应方案，互联网医疗得以全面发展，从互联网医院到常见病、慢性病患者互联网问诊均可进行医保报销，这将进一步促进在线医疗用户规模增长基础的建设。同时，由于我国银发群体规模逐年增长，老年健康服务成为各互联网平台在线医疗领域切入的重点方向。针对智能化养老的需求，智能设备成为该领域发展

---

① 第48次中国互联网络发展状况统计报告［R］. 北京：中国互联网络信息中心，2021-08-27.

的新突破口，大大提高了老年人的生活质量和幸福感。因此，互联网医疗在未来的发展中仍然具有广阔的前景和机遇，可以更好地满足人民群众的医疗需求。

3. 政务服务水平不断提升，用户习惯加速形成。全国一体化政务服务平台在疫情防控期间推出返岗就业、在线招聘、网上办税等高频办事服务700余项，加大政务信息化建设统筹力度，不断增进人民福祉。

网络作为信息传播新的媒体，越来越成为人们获取知识、信息和开阔眼界的重要渠道，随着新时代我国经济实力的不断增强，人民开放意识、互惠意识、形象意识和购买力的增长，上网费用的降低，将有更多的人接触网络文化，网络文化的影响力势必不断扩大，因此，加强社会主义网络文化建设，使中国的网民，特别是青少年网民能够自觉地用中国优秀的民族文化、道德标准抵制西方文化腐朽的侵蚀，引导中国社会主义文化朝着健康向上的方向发展，抢占网络文化的制高点已成为我们迫切需要解决的严峻问题。

二、建设中国特色的网络文化

针对网络文化在我国发展的现状，为了保持我国社会主义文化的强势地位，推动我国社会的文明进步，增强文化自信，必须加强中国特色社会主义网络文化建设。

（一）重点创建高质量的具有中国特色的社会主义网络平台

创建以校园文化、家庭教育为根基的网络平台，率先在青年一代人群中不断深入地传播中国文化。

创建具有中国特色的精神网络平台。借助各种传播平台，让更多年龄层次的大众接触、了解并熟悉中国文化，弘扬中华民族文化的精华，鼓舞人们树立科学的世界观、人生观、价值观和道德观。

创建现代化科学网络平台，展示优秀的中国文化，使不同年龄层次的大众从中学到现代科学技术和优秀的民族传统文化，提高文化素养。

创建思想评论网络平台。这是一个极为重要的阵地，它可以引导人们正确认识事物，纠正错误认知，真正做到"关心群众、引导群众"，有利于开展对西方文化霸权和反华谬论的批驳。

创建与中文文化网络平台相对应的外文网络平台。宣传和展示优秀的中国文化，以便让世界各国人民通过网络了解中国，了解中国文化和弘扬民族精神。

（二）积极创建高质量的中文网站，大力开发中文信息资源，促进网络文化在中国的发展

长期以来，英语一直作为网络文化的通用语言。之前，我国由于经费的不足，信息人才的短缺，信息资源的匮乏，占世界人口总数 1/5 以上的中文使用人口，却只能在网络信息总量中搜寻到不足 1% 的中文信息，这极不利于通过网络弘扬中华民族的优秀文化，传递健康的社会主义建设信息，因此，进入新时代，我们必须搞好中文网站建设，加强中文信息数据库的开发，加快国家数字图书馆建设的步伐，积极生产本国的文献数据资源，组织优秀的民族传统文化信息资源尽快融入互联网中。站点能较全面地反映我国的学术研究成果，提供大量准确的学术资料，政府的方针、政策，同时，中文文化站点除了有中文外，还应有英文版，以便让世界各国人民通过互联网了解中国的民族文化进而弘扬民族精神。

（三）加强对网络信息的管理、监控和过滤，营造健康向上的网络文化氛围

众所周知，不论是当前西方国家的网络文化渗透，还是未来的信息大战，都把人们的价值观和民族传统文化作为攻击的目标，因此，必须利用"防火墙"和加密技术，加强对流入、流出信息的监督和控制，建立健全舆情收集反馈机制，及时对那些明显带有文化歧视、文化攻击色彩的信息以及各种文化垃圾进行及时地摒除和过滤，切实加强对网上各种主页和网站的管理引导，更为重要的是，我们在引进国外高新技术时，还应花大力气研制自主版权的电脑密码，改变电脑加密系统依赖进口，产品安全建立在别人技术鉴定之上的不可靠局面，尽力构筑政治、经济、文化过滤网站，及时对那些损害国家利益、消磨民族意志、腐蚀人们心灵的破坏性信息进行"解毒、消毒"，保证网上信息的质量。

（四）促进网络伦理、法制建设

网络文化是一种高度开放、自由的全球文化，为了在保护民族文化的前提下能使其健康有序地发展，必须制定一些具有效力的伦理原则和法律法规，规范网络行为。在建设网络伦理时，要把保持文化的多样性和平等发展作为一个十分重要的原则来对待，特别是西方发达国家要承认世界文化的多样性，尊重其他文化，而不是利用信息技术优势来诋毁和控制其他文化。政府也应采取必要的政策法律手段，保护自己的民族文化。1996年2月我国发布了《中华人民共和国计算机信息网络国际联网暂行规定》，4月又颁布了《中华人民共和国信息网络国际联网出入口信道管理方法》和《中国公用计算机互联网国际联网管理方法》两项规定。1997年12月发布了《计算机信息网络国际联网安全保护管理办法》，1998年2月发布了《中华人民共和国计算机信息网络国际联网管理暂行规定实施办法》。国际社会也应在采取统一的信息网络规范方面加强协同行动，强调形成较为一致的网络伦理，促进网络信息交流行为的法律控制手段和基本原则的一致与合理化，形成一种合理的"国际惯例"。

（五）积极培养既具有熟练的网络技术又具有深厚的民族文化内涵的软件开发人才

人是社会的主体，也是文化的主体，社会主义网络文化建设离不开优秀的网络软件开发人员，他们的计算机水平、民族文化的功底，对建设社会主义网络文化起着非常重要的作用。当前我国不仅缺乏经过系统培训具有实战能力的IT人才，而且更缺乏拥有较高民族文化功底又懂网络技术的软件人才，因此，为了能够输出更多健康、向上的文化精品，必须积极培养一批业务熟练、具有开拓精神又有较丰厚的民族文化知识的软件开发人才。随着网络文化对我国民族文化的发展及社会主义精神文明建设影响的日益扩大，我们必须加强社会主义网络文化建设的力度，制定必要的网络法律法规，努力建设高质量的中文网站，大力开发中文信息软件以拓宽我国民族文化的辐射空间，增强人民的民族自尊心、自信心、自豪感，加强网络伦理道德建设，减少信息垃圾对人们的危害，培养人们抗御各种不良信息的能力，力争使网络文化真正成为社会主义现代化建设的动力和智力支持。

著名的绘画大师达·芬奇曾说过："艺术借助科技的翅膀才能高飞。"当今世界，科学技术突飞猛进，深刻地影响着人类的前途和命运。民族文化的腾飞也必须依托于现代科学技术。网络文化作为一种高科技的产物，一种开放的、崭新的文化形态，它为民族文化在新世纪走向世界、走向现代化注入了新的活力，提供了契机。它打开了人们的文化视野，使人们可以用一种新的眼光环顾世界，审视自己的文化，充分认识本民族文化的现代价值，扩大了世界各民族间的交流与对话，形成了世界性的文化共享，丰富了世界文化的内容，使世界文化更加多姿多彩。先进的网络技术、信息技术改善了民族文化发展的条件，网络文化的渗透改变了传统民族文化封闭、保守的发展理念，推进了民族文化的转型与跃升，网络文化的发展为人的自由、全面的发展提供了新的平台。我们应抓住这个难得的机遇，促进中华民族文化的现代化。但是网络文化是一个双面兽，在催化民族文化发展的同时，也加剧了各民族间的文化冲突，不良的信息垃圾严重地阻碍了民族文化的健康发展，成为西方发达资本主义进行文化侵略、文化扩张、文化霸权的重要手段，威胁着民族文化的生存与发展，民族文化的优化和淘汰几乎每时每刻都在进行，因此，保护民族文化，保持世界文化的多样性成为文化建设的当务之急。中华民族文化是当今世界最具民族特色和魅力的民族文化，它博大精深、源远流长，具有鲜明的民族主体性，极强的整合力、创造力和凝聚力，但是中华民族文化毕竟是千百年来的历史积淀，存在着许多不合时宜的内容，需要创新，创新是一个民族兴旺发达的不竭动力，为此，必须利用网络文化为我们提供的机遇，博采众长，实现中华民族文化的当代转换，提高文化自觉，调整文化心态，科学地吸收外来文化精华，推进文化整合，提高中华民族对自己民族文化的自信心、自豪感并发扬光大，为社会主义物质文明建设提供强大的精神动力和智力支持，推进中国文化产业的发展，树立民族文化安全意识、提高竞争能力，抵御西方文化的侵蚀，加强具有中国特色社会主义网络文化建设，建设具有中国特色的社会主义网站，大力开发中文信息资源，制定相应的法律法规，加强对网络文化信息的管理、监控和过滤，与世界各国人民协同一致，遵守合理的国际惯例，保证网络文化的健康发展，积极培养既具有熟练的网络技术又有深厚民族文化内涵的软件开发人才，提高中文信息资源的质量，加强民族的伦理道德建设，提高自觉抵御腐朽思想文化的能力，为中华民族文化的振兴而奋斗。

网络文化作为一种西方社会的舶来品，对中华民族的价值观必然带来潜移默化的影响，但是，就像电话、电视、电影一样，不可能彻底改变中国人对自己文化的认同。换言之，无论当年的坚船利炮，还是今天的互联网，虽然可以敲开中国的大门，但西方文化不可能完全代替和征服中国的民族文化。为此，我们要保持清醒的头脑，不媚俗、不自傲，而应采取相应的对策，促进中华文化的现代化。

马克思、恩格斯在《共产党宣言》中指出：世界文化是指在克服了"民族片面性和局限性"之后的人类文化的公共财产而决非充满西方文化偏见和片面利益的殖民文化与霸权文化。21世纪是一个充满着机遇和挑战的世纪，我们要为保持世界文化的多样性，促进各民族文化的繁荣而不懈地努力，使全世界人民生活在一种真正平等、和谐的文化氛围中，进而实现马克思、恩格斯所设想的世界文化是人类文化的公共财产的伟大目标。

第四章
当代中国大众文化的人文提升

大众文化是指商业化和娱乐化的一种文化形态，正在成为全新的文化要素。随着经济全球化的发展，大众文化已经成为当今世界最重要的文化现象，给人们带来了广泛而深刻的影响，并使人们感觉到自身在被重新塑造。人们在衣着、言谈举止、身份认同以及语言等方面，人们的生活方式，对媒体的依赖程度，都在不知不觉中发生了变化。当今世界，伴随着中华民族伟大复兴进程的加快和全球化浪潮的到来，文化越来越成为国家强盛的巨大推动力。大众文化作为文化的一种现象，如何应对新时代的变化，已经成为一个时代性的课题。怎样传播大众文化？怎样创造大众文化？创造什么样的大众文化？这些都必然极大地影响到社会的发展和人们自身的发展。

在中国进入新时代的背景下，认识并阐述大众文化，才能达到培养民族文化认同感和树立文化自信的目的，文化强国建设才能迈向新征程。

第一节　当代社会大众文化的发展

一、何谓大众文化

大众文化作为一种物质文化消费，是现代工业社会高度发达的市场经济和高科技生产共同作用下的产物。随着中国不断融入经济全球化浪潮，国内外的文化交流也变得空前的繁荣。在这种形势下，以新媒体、大众传播媒介为依托，以普通民众为消费对象，按照市场需要生产的新型文化即大众文化，正在我国迅速兴起并不断发展。它越来越深地影响了人们的日常生活，遍及城市乃至乡村每个角落，人们的生活方式被极大地改变了。

在对大众文化做出界定之前，首先需要阐述"文化"一词的内涵。"文化"源于拉丁文Cultura，原指土地的加工、照料、耕种和改善等活动，表现为在自然界中劳作以获取所得物品的意思。文化的含义可以有狭义和广义两种。狭义的文化指以社会意识形态为核心内容的思想体系，涵盖政治思想、道德、艺术、宗教、哲学等领域。广义的文化则包括各种民族性、区域性和世界性的文化形态，是人类自然的人化的表现，反映了历史发展过程中人类物质和精神力量所达到的水平、方式和成果。[①]文化是指人类通过自我意识、自我升华和自我完善，实现文化本性的发展目标的过程。文化是一个人之所以为人以及成为什么样的人的重要标志。因此，人类生活在社会中，也就是生活在文化环境中，每个人都拥有一定的文化，并被文化所影响。

大众文化具有一般文化的特性，从这个角度看，大众文化是指大众的人性状态、大众文化生活和大众精神状态的一个概念。"大众文化"（mass culture）最早出现在20世纪40年代法兰克福学派创始人霍克海默写给洛文塔尔的信中。[②]在英文中mass包含多层含义，形容物时有"大量、大堆"之意，形容人时有"大众、群众"的意思。英国著名文化批评家雷蒙威廉斯在《文化与社会》一书中，阐述了"mass"三层含义。他认为"mass"这个词与工业城市化同步发展，体现了机器生产的必然趋势，同时又表现了因

---

① 李秀林，王于，李淮春. 辩证唯物主义和历史唯物主义原理［M］. 北京：中国人民大学出版社，1995：407.

② 朱效梅. 大众文化研究：一个文化与经济互动发展的视角［M］. 北京：清华大学出版社. 2003：2.

大规模集体生产发展而产生的劳动关系。具体来看，第一个含义强调从城市化中派生出来的大众集会；第二个含义强调由工厂派生而来的大量生产或成批生产（mass production），特别强调使用标准化方法而制造的大量相同的产品；第三个含义强调其来源于工人阶级，指代大众行动。[①]

　　大众文化的定义存在诸多争议和不同观点。威廉斯给出了多种对大众文化的定义：第一种定义是指受到大众青睐，与高雅文化格格不入、刻意迎合大众、大众自行创造的文化；第二种定义是指除高雅文化以外的文化；第三种定义是指商业化的文化；第四种定义是指人民所拥有的文化；第五种定义是指妥协的场所，等等。[②]这些定义的缺欠在于没有正确理解大众，因而未能正确定义大众文化。

　　中国学者也对大众文化做过多种阐释。汪政以法兰克福学派的文化工业批判理论为视角，认为大众文化是"被界定为现代工业的产物，指的是现代都市工业社会或大众消费社会的特殊文化类型，是通过现代化的大众传媒所承载、传递的文化产品。从外延上讲，它们是现代印刷媒介等传递、承载，在大众消费社会流行的广告、流行音乐、流行舞蹈、电视、娱乐型电影、休闲书刊、书籍等等"[③]。陈刚则把大众文化视为"文化产品"，提出"大众文化是在工业社会中产生的，以都市大众为其消费对象，通过大众传播媒介的无深度的、模式化的、易复制的、按照市场规律批量生产的文化产品"[④]。大众文化作为一种文化形态，是抽象的，文化产品只是其外延，不是其内涵。姚文放认为大众文化是"当代审美文化"，认为当代审美文化是在现代商品社会应运而生的，以大众传播媒介为载体，以现代都市

　　① ［英］雷蒙·威廉斯. 文化与社会 ［M］. 吴松江等，译. 北京：北京大学出版社，1991：376-377.

　　② 潘知常，林玮. 大众传媒与大众文化 ［M］. 上海：上海人民出版社，2002：26.

　　③ 潘知常，林玮. 大众传媒与大众文化 ［M］. 上海：上海人民出版社，2002：26.

　　④ 陈刚. 大众文化与当代乌托邦 ［M］. 北京：作家出版社，1996：22.

大众为主要对象的文化形态。①体现了对审美文化的一种理解。其实，审美文化更加侧重强调以人的精神体验和审美的形式为主导的社会感性文化。为此，赵甲明指出："所谓'大众文化'，并不等同于革命年代所倡导的'大众文艺'或'大众文化'，而是指在现代大都市和大众消费社会里流行的文化类型。诸如流行音乐、娱乐片、世俗文学、广告文化等都是此种文化的表现形式。"②

我们不难看出，人们对大众文化的理解各有不同。为此，我们才更应该厘清其概念，明确其内涵。从本质上说，当代大众文化是一种在现代工业社会背景下所产生的与市场经济发展相适应的市民文化，是在现代工业社会中产生的、以社会大众为消费对象和主体的，通过现代传媒传播的，按照市场规律批量生产的、集中满足人们的感性娱乐需求的文化形态。③也就是说"大众文化是随着大众社会的兴起而形成的，与当代工业生产紧密相关，以大众传媒为主要传播手段，进行大批量文化生产的当代文化形态"④。"大众文化是我们今天格外风光的产业，不但在精神内涵方面，逐渐成为主流文化，也带来商业利润。这在全球化的今天，于中国与西方没有太大的差别。"⑤大众文化不仅是一种文化现象，也是一种经济现象、政治现象。

二、大众文化的主要特征

大众文化不仅具有文化的一般本性，还具有自己的独特性。通过这些特征，我们可以更深入地了解大众文化的内涵。这些特征主要包括以下几点内容。

---

① 姚文放. 当代审美文化批判 [M]. 济南：山东文艺出版社，1993.
② 赵甲明. 大众文化给精神文明建设提出的课题 [J]. 社会科学辑刊，1997（03）.
③ 邹广文，常晋芳. 当代大众文化的本质特征 [J]. 新华文摘，2002（02）.
④ 陶东风. 大众文化教程 [M]. 桂林：广西师范大学出版社，2008：17-18.
⑤ 陆扬. 大众文化理论 [M]. 上海：复旦大学出版社，2008：3.

第一，商业盈利性。大众文化通常离不开资本的运作，在利益最大化的诱惑下，大众文化产品的创作和经营者为了获取最大利润，对经济效益的追求无限扩大。这种商业化的特点使得网络小说、商业电影、网剧、网络视频、流行歌曲、盈利性体育比赛等成为大众文化主要的组成部分，在娱乐大众的同时也导致许多不符合主流价值观的大众文化产品流入大众文化市场。因此，我们既要看到大众文化的商业盈利性，同时又不能把大众文化产品作为纯粹的商业性盈利的文化产品，这不利于个人素质的提高，也不利于新时代中国特色社会主义文化建设。

第二，日常生活性。日常生活广义上指人们经常进行的各种活动，包括生活行为、学习、工作、休闲、社交、娱乐等。相较于高雅文化，大众文化的审美活动不再局限于音乐厅、歌剧院、美术馆等高雅艺术场所，它就发生在我们的日常生活空间中，比如购物中心、口袋公园、小广场、度假胜地，等等。在这些场所，文化活动与普通社交活动、商业活动密不可分。"作为与大众密切相关的大众文化对日常生活产生深刻的影响，一方面它使日常生活更加丰富，另一方面它导致日常生活的审美化、非意识形态化和理性化。"[①]

第三，社会大众性。大众文化面向的是世俗大众，反映的是世俗生活，注重的是感官刺激。大众文化最为典型的一个特征就是文化生产的主体是大众，是"有史以来人类广泛参与的，历史上规模最大的文化事件"[②]，"大众文化是由大众而不是文化工业促成的。文化工业所能做的一切，乃是为形形色色的'大众层理'制造出文本库存或文化资源，以便大众在生产自身的大众文化的持续过程中，对之加以使用或拒绝"[③]。由此可见，没有大众就没有大众文化。

---

① 李庆霞. 当代中国大众文化对传统日常生活的影响 [J]. 社会科学战线，2014（08）.

② 金元浦. 定义大众文化 [N]. 中华读书报，2001-07-26.

③ 金元浦. 定义大众文化 [N]. 中华读书报，2001-07-26.

第四，娱乐消遣性。大众文化具有受众广、门槛低、素材丰富、可创作性强等特点。当前大众文化的娱乐化倾向也已凸显，大众文化本身就有娱乐的性质，一旦其娱乐消遣性被无限放大，容易导致大众文化泛娱乐化，但并不是说"大众文化"与"泛娱乐化"之间可以简单地画上等号，泛娱乐化只是出现于大众文化发展过程中的一种现象。不容忽视的是，大众文化出现了群体狂欢和感性至上的现象，它们通过短视频、小说、音乐、综艺等各种媒介传播着，娱乐化倾向在日益加重。

第五，技术性。现代科学技术尤其是大众传媒的发展，使得文化传播和交流的速度加快，范围扩大，为大众文化的产生提供了"硬件"支持。例如，大数据时代 AI 对网络信息技术的发展，创造了全新的视听幻真艺术；电脑合成技术和 3D 技术的应用使我们获得了新颖的电影观赏体验；人工智能在未来的发展更会体现出无限可能。技术的力量已经不可避免地深入到了大众文化的生产和消费过程中。

总的来说，大众文化不同于以往任何形式的文化，它是大众社会发展的产物，是一种以普通市民为主体，以大众传播媒介为手段，以世俗生活为内容，以商品市场规律为指导，使受众获得丰富的感性愉悦的文化。

三、中国视野中的大众文化

中国的大众文化产生于不同于西方的社会环境中。在中国的语境中，"大众"一词有其独特的内涵，它指的是最广泛的人民群众，包括城市市民和农村群众，不同于西方那样仅针对城市居民，否则研究大众文化就会出现以偏概全的问题。因此，不能简单地照搬西方的大众文化。我们需要转变对大众文化的理解，扩大其外延，将其研究主体从城市居民扩展到农村群众，以实现真正意义上的大众文化。同时，我们也必须认识到，中国的大众文化要立足中国实际和大众文化发展的实际，着眼于人民重大文化需求，切实解答实际问题，回应时事热点，解决当今大众文化发展过程中存在的重点问题，又要借鉴吸收中华优秀传统文化和人类优秀文明成果，融通各种文化资源。中华优秀传统文化是中国大众文化的深厚源泉，是其引领力和凝聚力生成的精神基础，离开中华优秀传统文化这一根本，中国大众文化便失去了生存的源泉。所以，我们应该在守正的基础上不断推进中国特色社会主义先进文化建设的实践。

四、当代中国大众文化的崛起

当代中国大众文化经历了从无到有、从过去被误解批判到现在拥有广阔的市场的发展过程。大众文化在中国发展到今天，可谓快速迅猛，这主要有以下几点原因。

（一）现代大众传媒和新媒体的发展

互联网的诞生具有划时代的意义，其海量的信息数据，自由的组合方式以及跨时空的交流互动等特点，标志着一个新时代的到来。毫不夸张地说，人类文明自此跨入了崭新的时代。伴随着云计算、大数据等技术手段的广泛应用，互联网的服务对象和服务范围等越来越广泛，是大众文化传播的主阵地。现代科技的迅速发展促进了新媒体的发展壮大。这种新兴媒体主要是依托于数字技术、互联网技术和移动通信技术等向大众提供服务。目前，新媒体种类繁多，受大众关注较多，例如各大手机视频APP、手机游戏、动漫、IPTV等，不下几十种。各类社交平台推陈出新，自媒体蓬勃发展。这就需要加强全媒体传播体系建设，推动媒体融合发展，要运用好现代网络信息平台，增强主流媒体具有的传播力和引导力。例如培养一批自己的网络意见领袖，既在日常网络生活中传递和扩散正确的价值和观念，发挥榜样示范作用，又要在激烈的网络舆论战中掌握主动权，抢夺话语制高点，实现对网络思潮的引领。塑造一个风清气正的网络空间，为正确舆论导向和先进文化的发展壮大提供良好的空间。

（二）"全球化"的浪潮带来中西文化的融合

改革开放和"全球化"浪潮使中西文化开始融合，为中国大众文化的产生和发展提供了外部条件。不可避免地，外来文化涌入了我们的生活。

随着世界文化多元化的发展，国家之间的文化不断交流、碰撞，这不仅有益于丰富本民族文化，也有益于促进世界文化的发展。文化是民族的，也是世界的，从大唐盛世到改革开放，无不彰显着中华文化开放的胸怀，在与众多国家的交流中，中国向世界展现了自己独特的文化魅力，贡献了中国智慧，为世界提供了中国方案。今后，中国应继续保持开放的姿态，积极推动中华文化走向世界，让中华文化在国际上熠熠生辉。从世界性角度来说，中国文化的繁荣发展也维护了文化多样化的发展。[①]

（三）市场经济的发展促进大众文化的发展

市场经济的发展是大众文化产生和发展的内部原因。在中国，大众文化的兴起与市场经济的崛起是同步进行的。市场经济加速了我国工业化和城市化的进程，推动了大众文化消费群体和消费需求的形成，同时，市场经济也催生了大众文化生产所需的市场机制。

市场经济的发展提高了生产效率，解放了生产力，为此个人可以自由支配更多的时间。这种时间的增长让人们有了更加充足的时间参与大众文化消费。同时，在市场经济条件下，人们更多地从消费者的角度来选择文化产品，渴望在文化消费中获得乐趣。这就无形中创造了一个庞大的文化市场，人们对文化产品的需求和品位也在不断上升，促进了这一文化市场的发展和繁荣。因此，市场经济所带来的工业化和城市化在为大众文化的产生和发展提供了消费群体的同时，也提供了广阔的市场。

（四）科技发展为大众文化的产生和发展提供技术保障

现代科学技术迅猛发展，日新月异，对当代大众文化的发展起到了非常重要的促进作用。一方面，现代科学技术为当代大众文化的产生和发展提供了必要的技术手段。现代信息技术不断发展，高科技在大众传媒中应用越来越广泛，例如现代影视中的高科技合成技术、3D技术等，这些技术都给受众群体带来了前所未有的感受。例如博物馆用数字化方式拉近和大

---

① 王涛. 当代中国大众文化的实践特点研究［D］. 北京：清华大学，2005.

众的距离，让《清明上河图》鲜活灵动，让《唐宫夜宴》穿越到今天，我
们仿佛置身其中。被科技赋能的大众文化频频走向人们的生活，也成为时
下审美的重要趋势。

可见，科技为大众文化提供了更多的表达形式，而善于创造、乐于分
享的年轻人更加擅长利用科技更好地传播、展示大众文化。

（五）人在文化选择上的非理性

理性与非理性是两个相互对立的词语，相对于理性而言，非理性例如
迷信、体验等更多强调非理性因素对文化实践的影响。人们的文化选择不
仅受理性的影响，非理性的因素也产生了重要的影响。人们在进行文化选
择的时候，往往更多地体现为理性与非理性的交融。

现代人处于社会高度发展的时代，物质生活逐渐丰富，精神生活相对
空虚，现代人生活节奏快，生活压力大。对物质的过度追求与攀比，往往
使人们忽略了人生所必需的情感、价值和爱。当人们在巨大的生活压力下
感到身心俱疲的时候，渴望通过"文化快餐"来缓解压力，即便这些"快
餐"可能缺乏营养。个体对文化的选择中非理性因素影响更加明显，这不
仅让大众文化得以生存，也让其逐渐盛行。例如：人们通过在网络上阅读
小说、观看网剧、刷抖音或者玩网络游戏等方式来感悟人生，体验不同的
情感和快乐；也通过微信、微博、QQ、知乎等社交平台表达自己的情感，
扩大社交圈子；还有许多人成为动漫迷、偶像粉丝、游戏玩家或炫酷族等，
通过这些群体整合方式获得身份认同和快乐。

五、当代中国大众文化的发展历程与路径

理论的认识与研究是为了更好地指导实践，在中华民族伟大复兴的历
史进程中，在我国实现文化强国战略的今天，全面梳理与学习我国大众文
化的发展历程具有更加重要的现实意义。

（一）当代中国大众文化的发展历程

中国大众文化的发展序幕始于20世纪70年代末80年代初。当时"文化

大革命"刚刚结束，国家发展百废待兴，改革开放的大幕全面拉开。"解放思想，实事求是"的提出，让人感觉到新的时代新的气象的到来。人们期盼着有新的突破，开创更加美好的未来。这不仅包括物质层面的，也包括精神层面的。于是，港台歌曲、电视剧等纷纷流入大陆市场。人们边走边唱，追求自由，歌颂爱情，沉浸于回忆童年，这时的大众文化洋溢着朦胧诗般的美感。

20世纪80年代初期到80年代中期，中国大众文化处于初始阶段，市场上除了港台地区的作品外，还有来自国外的大众文化产品。内地的生产者们更加热衷于模仿港台地区和外来的大众文化产品，而缺少自己的独创意识。那个时期，中国内地市场上充斥着相当数量的来自中国港台地区、日本以及美国的电视剧作品。这种引进和模仿过程对于中国本土大众文化的产生和发展起到了至关重要的推动作用。如果没有这一过程，中国的大众文化发展之路也许会更加漫长，然而不容忽视的是，简单的模仿与粗糙的制造，很难更好地结合本土大众文化的特色，也很难真正反映本国大众的需求，更难摆脱西方大众文化的影响。

20世纪80年代中后期，中国的大众文化开始蓬勃发展起来。那个时代是一个生活与诗情迸发的时代，是一个开放包容的具有情怀的时代，同时又是一个思想自由、具有浪漫主义与理想主义的时代。那个时代的人们真诚、单纯，一切都像刚睡醒的样子。那时候人们的生活是舒缓的，笑容是真诚的，爱情也是美好的，人们对物质生活的要求是简单的。大众文化在开放包容的大潮中蓬勃发展，涌现了一大批的作家、诗人和学者。伤痕文学、反思文学、改革文学百花齐放，可谓星光灿烂。他们反思过去，展望未来。同时期，很多优秀的电视剧也不断地涌现出来。1987年经典版《红楼梦》一经播放便获得了一致的好评，迄今为止成为中国电视剧历史上的丰碑。人们依然记得晚饭后围坐在电视机前观看《红楼梦》的场景。1986年版的《西游记》，一经播放便轰动全国，成为经典中的经典。还有来自港台的电视剧如《射雕英雄传》《上海滩》等，也因其广阔宏大的历史背景，以及构思巧妙、跌宕起伏的故事情节和荡气回肠的爱情故事，深深地影响了大众的文化选择。当时的人们在闲暇时间里或是守在电视机前，或是坐在咖啡屋里，或是唱在卡拉OK厅。于是"剧场失去了观众，书刊失去了读者，艺术团体难以为继"①。大众文化就像一把双刃剑，带给人们精神上极大的愉悦的同时，也极大地冲击了高雅文化。

在20世纪90年代中后期至2000年间，大众文化的发展更为迅速，并逐渐影响到主流文化和精英文化。同时，中国大众文化也走出了简单模仿与粗制滥造的阶段。这种变化的原因主要有以下几个方面：首先，大众文化的心态、观念和行为趋向合理化。其次，大众文化的市场操作手段日益合理化，运作机制也逐步完善和健全。再次，大众文化作品逐步在内容和风格等方面获得总体提升。这期间，大众化的书报杂志以及影视文化作品在追求商业利益的同时，不断贴近中国大众的日常生活、价值观念和审美判断。②最后，学术界对大众文化的态度发生了转变，从曾经对大众文化充满震惊和愤怒，到后来逐渐转向理性地进行批判和反思。当代中国大众文化的发展表明，具有中国特色的大众文化正在崭露头角并初步形成了。

进入新世纪，互联网的迅速发展极大地带动了当代传媒高科技的发展，以及媒介产业的发展，为大众文化注入了新的活力，大众文化进入新媒体时代。中国大众文化产业逐渐形成规模，商业运作的日益成熟，再加上政府的大力扶持，为大众文化的发展提供了良好的外部环境。在这一时期文化产业背景下，大众文化产品受到了产业规律和文化规律的双重制约。这些产品必须面向大众，符合社会的主流价值观，以确保其良好的社会效益。同时，它们还必须具有一定的话题性，能够吸引足够多的公众关注，从而获得经济效益。在生产过程中，大众文化产品的价值观通过生产者和生产方式建构；在流通过程中，大众文化产品的价值观通过程式化产品与文化

---

① 杨桃源，周大平. 1994年中国文化走势［J］. 瞭望新闻周刊，1995（21）.
② 王涛. 当代中国大众文化的实践特点研究［D］. 北京：清华大学，2005.

产业链建构；在消费过程中，大众文化产品的价值观通过消费者选择与意义的共享机制建构。加大精英价值观与大众文化产品融合的力度、根据大众文化产品传播价值观的阶段和不同人群文化消费的特点进行精准引导，以构建大众文化产品的良性价值观。①

另外，在全球化的今天，文化身份作为一个动态的社会建构过程，对于个体、群体和民族、国家具有不可或缺的重要意义，任何一个民族、国家都需要一个可辨识的、清晰的、统一的文化身份，中国亦不例外。全球性的文化身份危机问题引起了普遍关注，而正在发生深刻而剧烈社会转型的中国的文化身份危机问题尤为突出。我国大众传媒已经成为再现和建构中国文化身份的重要途径和资源，数字传播和全球传播当在再现和建构中国文化身份方面起着积极作用。②

从大众文化在中国的发展历程不难看到，中国大众文化不仅有中国特色的本土文化烙印，同时也有不适应中国文化的外国文化基质，这些因素充斥着当代中国大众文化。在新时代的今天，中国大众文化呈现欣欣向荣之势，并且未来还将继续发展壮大和繁荣，但与此同时，也不可避免地出现了这样或那样的问题。大众文化作为以大众传媒为载体、对大众产生深刻影响的文化形态，它具有政治表达、价值导向、社会整合的意识形态功能，已经成为社会文化领域中不可忽视的构建力量。大众文化的意识形态属性和文化特征，决定了我国主流意识形态应合理利用大众文化来加强和改善自身建设。然而，大众文化的兴起和发展对主流意识形态的影响也是利弊共存。在意识形态大众传媒转型的趋势下，客观看待大众文化对主流意识形态的双重影响，并在此基础上关注社会现实，把握时代脉搏和社会呼声，借助大众文化积极探求我国意识形态传播的有效途径，以适应崭新

---

① 孙丽君. 文化产业背景下大众文化产品价值观构建流程及其引导策略［J］. 山东社会科学，2021（02）.

② 石义彬，吴世文. 我国大众传媒再现和建构中国文化身份研究：基于数字传播和全球传播环境的思考［J］. 当代传播，2010（09）.

的传播局面，引导大众文化朝向健康稳定的方向发展是当前的重中之重。[①]

（二）当代中国大众文化的发展路径

中国特色社会主义先进文化必须发挥它所具有的强大的包容性及融合性，以开放的精神在中国文化的根基上吸收融合西方文化。当然，我们在以开放的心胸积极吸收西方文化的一切成果的同时，也不能由此否定中国文化的成就与贡献。"文化领域所产生的一个显著的变化，就是当代中国的大众文化历经了从无到有、由边缘到中心的转变"[②]，这样看来，未来中国文化的发展必将是包容的、开阔的，也是光明的。

只要我们略微关注一下身边的文化氛围就会发现，网络小说、电视剧与网剧、手游、综艺娱乐节目等充斥着我们的日常生活。这些年来视频网站自制综艺进入大众视线，刷抖音、快手已经成为人们的主要消遣方式。说唱音乐、嘻哈文化备受年轻人追捧，网络所续写的是更多元也更充满激情的故事。剧场演出、演唱会、脱口秀等各类线下演出也是异常火爆。大众文化充分地体现出了其强大的构建能力。

第二节　对当代中国大众文化实践的思考

一、大众文化实践的合理定位

关于大众文化的界定，仁者见仁，智者见智。持精英文化论的学者们认为，大众是一群没有责任和使命而只关注自己的舒适和安逸的"mass"，那么大众文化也必然就是粗鄙不堪的，而流行文化论的学者们则从历史发

---

① 闫恒，伍志燕. 大众文化对我国主流意识形态的影响及应对［J］. 河南理工大学学报（社会科学版），2021（04）.

② 朱效梅. 大众文化研究：一个文化与经济互动发展的视角［M］. 北京：清华大学出版社，2003：28.

展的角度来认识大众文化，强调大众文化的正面功能。不管怎样，大众文化是形式多样的文化类型中较为年轻的一类，它的诞生与流行对人类社会产生了广泛而深远的影响。

（一）大众文化实践的方向定位

当代中国大众文化的发展实践要立足于中国实际，着眼于当前我国社会的主要矛盾，积极发展社会主义先进文化。"文化是一个国家、一个民族的灵魂。文化兴国运兴，文化强民族强。没有高度的文化自信，没有文化的繁荣兴盛，就没有中华民族伟大复兴。要坚持中国特色社会主义文化发展道路，激发全民族文化创新创造活力，建设社会主义文化强国。"[①]"中国特色社会主义文化，源自于中华民族五千多年文明历史所孕育的中华优秀传统文化，熔铸于党领导人民在革命、建设、改革中创造的革命文化和社会主义先进文化，植根于中国特色社会主义伟大实践。发展中国特色社会主义文化，就是以马克思主义为指导，坚守中华文化立场，立足当代中国现实，结合当今时代条件，发展面向现代化、面向世界、面向未来的，民族的科学的大众的社会主义文化，推动社会主义精神文明和物质文明协调发展。要坚持为人民服务、为社会主义服务，坚持百花齐放、百家争鸣，坚持创造性转化、创新性发展，不断铸就中华文化新辉煌。"[②]

社会主义先进文化是以马克思主义为指导的，在中国共产党领导中国人民进行伟大的中国特色社会主义现代化建设的实践中形成的，以培育有理想、有道德、有文化、有纪律的公民为目标的，面向现代化、面向世界、面向未来的，民族的、科学的、大众的文化。它反映了当今时代的发展要求，是理想性与现实性的统一。我们应紧跟社会主义先进文化的发展步伐，尤其要以社会主义核心价值观为指导，坚定文化自信，树立正确的文化观，

---

① 习近平. 决胜全面建成小康社会 夺取新时代中国特色社会主义伟大胜利：在中国共产党第十九次全国代表大会上的报告 [N]. 人民日报. 2017-10-28.

② 习近平. 决胜全面建成小康社会 夺取新时代中国特色社会主义伟大胜利：在中国共产党第十九次全国代表大会上的报告 [N]. 人民日报. 2017-10-28.

在复杂的文化激荡中看清本质，做出正确的选择。至20世纪70年代末80年代初，中国大众文化与主流文化不停碰撞与融合，主流文化提升了大众文化的精神内涵，大众文化则丰富了主流文化的表现形式。[①]大众文化坚持社会主义方向、坚持主流文化的主导地位既是发展先进文化的必然要求，也是满足人民群众多元化的文化需求、塑造广大群众积极向上的精神风貌的现实要求。

（二）大众文化实践的历史定位

从历史发展的进程来看，中国大众文化的发展是伴随着中国经济的发展而不断发展的，在其迅速崛起的过程中，中国大众文化的创造理念越来越明显地呈现出融合与创新的趋势。与此同时，中国大众文化的社会影响力也越来越大，中国大众文化在我国当前社会中存在的意义也越来越大。大众文化在我国当前社会中存在的意义，正如邹广文所指出的那样："大众文化建设同以经济建设和社会发展为主体的现代化进程具有天然的亲和性，虽然它有其不成熟，甚至肤浅、混杂的缺点和不足，但大众文化毕竟带有告别旧传统、探索现代文化新生活的时代品性，尤其在目前其他文化形式尚未调整到贴近生活、与时代精神同潮共涌的时候，大众文化客观上承担了当代中国新文化建设开路先锋的角色。"[②]

我们必须以历史唯物主义的视角看待当前我国大众文化实践，认识到其产生和发展的历史必然性，准确把握其对社会发展所起到的推进作用，推动我国大众文化向着健康有序的方向发展。

（三）大众文化实践的价值定位

大众文化的哲学意义表现为，使现代人回到人所固有的本真状态和日常状态。马克思指出："意识在任何时候只能是被意识到了的存在，而人们

---

① 王涛. 当代中国大众文化的实践特点研究［D］. 北京：清华大学，2005.

② 邹广文. 当代中国大众文化论［M］. 沈阳：辽宁大学出版社，2000：31.

的存在就是他们的现实生活过程。"①每个时代都不会缺少文化的乐趣。当今的时代是一个互联网科技急速发展的时代，是一个全民直播的时代，大众文化跨地域、跨领域迅速发展的时代。大众文化越来越成为人们生活中不可或缺的一部分，大众文化通过自身实践，推动了文化多元化发展进程，这种变化极大地改变了主流文化和精英文化的境遇，主流文化不能再像过去那样一家独大，通过垄断方式让大众接受，而精英文化也不能再自认高人一等、自我欣赏。

因此，从文化消费角度看，目前的大众文化已经成为人们文化消费的主流；从文化构成上看，大众文化已成为中国特色社会主义文化的重要组成部分；从文化发展上看，大众文化的实践形式为主流文化和精英文化的发展提供了有益的借鉴。

二、大众文化实践的作用

大众文化是时代和社会发展的产物，是一种不可抑制也不应抑制的文化发展的大趋势，它在中国的出现是一种文化的进步，而大众文化自身确实优劣并存、臧否互见，具有明显的矛盾性。大众文化的流行，一方面对当代中国文化生活起着积极推进作用，较好地满足了人民群众的文化需求，另一方面也带来了诸多的消极影响。

（一）大众文化实践的积极作用

1. 呈现社会文化的文明与进步

我们应当认识到大众文化在中国的出现，是改革开放的产物，是思想解放的收获，是市场经济条件下的文化果实，也是科学技术和综合国力实现快速发展的文明结晶。②大众文化是平民意识和民主意识产生的土壤。大

---

① 中共中央马克思恩格斯列宁斯大林著作编译局. 马克思恩格斯选集. 第1卷［M］. 北京：人民出版社，2012：152.

② 艾斐. 大众文化企盼人文提升［N］. 人民日报，2003-04-29.

众文化以最有效的手段和工具扩大了大众的公共空间领域，特别是网络文化、电视文化和新闻文化的发展导致了公众舆论的发展。随着大众传播媒介的迅速发展，人们的参与意识也越来越强烈。通过大众传播增强了公众对政治和社会的监督，进而增强了大众的民主意识。[①]当今社会是信息化的社会，大众文化的流行，反映了社会的进步与文明的发展。

因此，大众文化的发展代表着经济的发展和社会的进步，我国历经40多年的改革开放，各方面均取得了伟大的成就。立足长远，稳步推进中国特色社会主义事业，实现中华民族伟大复兴，更需要构建中华民族的共同精神家园。大众文化以其强烈的现代意识和感召力，在我国文化强国建设中的战略地位进一步凸显。我国作为社会主义大国如何在世界舞台上充分发挥一个文化大国的影响力，增强文化的自立自信，提高文化软实力和话语权是必须高度重视的问题。

2. 适应当前社会的实际需求

大众文化的出现适应了我国的实际发展水平的需要，同时在全面改革、促进物质文明和精神文明建设方面，也能够发挥积极作用。

实现中华民族伟大复兴，要坚持新发展理念。"发展是解决我国一切问题的基础和关键，发展必须是科学发展，必须坚定不移贯彻创新、协调、绿色、开放、共享的发展理念。必须坚持和完善我国社会主义基本经济制度和分配制度，毫不动摇巩固和发展公有制经济，毫不动摇鼓励、支持、引导非公有制经济发展，使市场在资源配置中起决定性作用，更好发挥政府作用，推动新型工业化、信息化、城镇化、农业现代化同步发展，主动参与和推动经济全球化进程，发展更高层次的开放型经济，不断壮大我国经济实力和综合国力。"[②]在这种情况下，我们最需要的就是文化自信的底气。中华优秀传

---

① 王涛. 当代中国大众文化的实践特点研究［D］. 北京：清华大学，2005.

② 习近平. 决胜全面建成小康社会 夺取新时代中国特色社会主义伟大胜利：在中国共产党第十九次全国代表大会上的报告［N］. 人民日报. 2017-10-28.

统文化是文化自信之源。中华民族在5000多年的历史长河中谱写了光辉灿烂的文化篇章。大众文化植根于中华大地，并随着时代的发展而发展，有其独特的文化基因和自身发展历程。大众文化与大众生活密切关联，来自大众、反映大众，具有旺盛的生命力和鲜明的特色以及独特的表现形式，在文化发展中扮演着重要的角色。优秀的大众文化可以更好地改变和提高人们的思想意识和道德素质，有助于我国加快实现新型现代化并走向高度文明、高度发达的社会。

3. 拓展了人的生活空间

大众文化以自身的开放性和宽容性一定程度地打破了中国传统文化意识中的封闭性和狭隘性，并创造出一种以资大众实现文化共享的广阔空间。它又以自身的功利性特征和世俗性倾向，冲破文化特权和文化偶像的限制，使文化的发展从此转入多元化和民主化的轨道，并极大地改善和丰富了人们的生存状况，有效地实现了人性的自然性、社会性和实践性的结合与统一，这无疑对提高人的生活质量和实现人的全面发展具有积极意义。

4. 体现对大众的人文关怀

人文关怀可以让人们生活得更幸福，更有尊严。按照马斯洛的需求层次理论，人最基本的需求是生存需求，然后是安全需求、爱的归属需求、尊重需求，最后是自我实现需求。人们在满足了生存需求之后，便会开始追求更高层次的需求，那便是幸福和尊严层面的需求。人文关怀可以更好地满足人们对幸福、尊严需求的追求。因为人文关怀，我们的社会才会更加美好和谐。如果生存的欲望还没有得到满足，那么享受的欲望就会减弱。人的生存欲望得到满足之后，人才会开始思考下一步的欲望。那么享受的欲望便被提到日程上来。大众文化则给予了人最直接、最现实的关怀。

现代的人，尤其是年轻人，他们开始更加关注作为一个人真正想要什么，真正想做什么，在没有损害别人利益的基础上，可以选择什么，这些关注不管是理想的还是现实的，保守的或是开放的，都在自己的人生中彰显更大的价值，而这种思考恰恰是人对幸福与尊严的思考。大众文化的流行更多地体现为对人的感官刺激和情感满足这一感性的需求上，可以更加直接地满足人对幸福与尊严的追求，比如自制短视频，可以随时在网络上让更多的人关注到自己，刷自己的存在感。人们可以在大众文化享受中感受自我存在价值带来的快乐，是对个人生活价值的一种积极肯定。刷抖音、快手等围观别人的生活，可以在别人的生活中寻找情感的慰藉与关怀。人们将希望、热情、光荣和梦想融入到这个逼真的虚拟世界中，而这个虚拟世界又以其真实感使人们认为它是一个真实存在的自由世界。当我们观看电影、电视剧、网剧、网络小说时，就会不由自主地进入到一个集体的梦境中，这个梦境将我们的人生经验理想化。在这样的文化背景下，人们共享着大众文化创造出来的欢愉。

因此，大众文化不仅能带来听觉和视觉上的愉悦，还具有心理安抚的作用。它让那些经历过贫困和痛苦的人们在心里得到了象征性的满足。

5.提高社会效益和经济效益

大众文化有一个重要的特点，就是在遵循价值规律的基础上追求利益最大化。它会首先考虑市场的需求，不会考虑是好还是坏。所以在外表上看起来多样化的大众文化，其实质就是为了追求利益的一元化。从商品运作和经济学的角度来看，这无疑是一个非常重要的亮点。在现代社会中，文化产业越来越成为一个国家新的经济增长点。未来的文化产业必将是基于IP的全领域、全球化、大平台、大数据、深度产业化的经营模式。不论是从内容生产还是从盈利模式来看，文化产业已经显得越来越重要。因此，我们对大众文化的认识以及对文化产业的价值评估，就显得尤为重要。

从"十四五"规划明确规定扩大优质文化产品供给，再到党的二十大提出大力发展社会主义先进文化，加强理想信念教育。我们看到，打造真正来自人民生活、反映人民心声、丰富人民精神世界的优秀大众文化得到了普遍认同。发挥好大众文化的教化和塑造功能，促进健康的大众文化的发展壮大，是促进整个文化产业良性、长远发展的必然要求，也是满足人民群众对美好生活向往的应有之义。

（二）大众文化实践的消极作用

1. 忽视社会效益，造成文化生态失衡

在市场经济条件下，大众文化不自觉地具有逐利性。由于盲目追求物质利益的最大化而忽视了它的社会效益，造成了文化生态的失衡现象。大众文化因其关注日常生活，张扬感性欲望，刺激感官享受可以让人们获得一时的精神满足，让人们得到娱乐的快感。于是，真人秀和相亲类的电视节目打开了电视娱乐的大门，也让生产方尝到了利益回报的快感。随着我们进入网络时代，各种视频网站开始推出网络综艺，电视开始推出"选秀"，"素人选秀""明星养成"成为圈钱之路，甚至当成了"支柱性产业"，而科普类、艺术类等方面的节目则较少能获得推送位和关注度。这不是个别平台存在的特殊现象，网易云等音乐平台、微博等社交平台乃至各大卫视亦是如此。在巨大利益的推动下，大众娱乐终于爆发了。随着5G技术的发展，娱乐媒介更是凭借手机的便携性，极大地影响了大众的文化选择，它们越来越多地占用人们闲暇的时间。伴随大数据算法的提升，数据平台会根据每个人的喜好精准地进行推送。以市场为导向已成为诸多创作者们心照不宣的选择。当人们依托手机进行文化娱乐的时候，不知不觉地放弃了思考。但是，当一切东西都被拿来娱乐的时候，大众文化的历史文化底蕴也被一点一滴地侵蚀掉了。

大众文化通过商业炒作和追求世俗享乐的方式传播，其本质上是商家为逐利无视道德的体现。这显然对社会主义文化事业的健康发展非常不利。

2. 冲淡文化个性，导致人文精神失落

大众文化因其规模化的生产和经营方式，导致文化产品在内容和形式上变得雷同、固定而单调。人们发型相似，穿衣风格相同，大家都在互相模仿。这种情况导致人们的兴趣、爱好等趋向于一致，个性逐渐丧失。泛娱乐化的大众文化实际上是一种文化工业产品，在千篇一律、乏味无聊的内容中，人逐渐失去了对现实环境的全面认识，思维日益狭隘，创造和自主性日益被泯灭。事实上，过分夸大感性的快乐只会导致精神世界的空虚，大众文化的娱乐化倾向矮化了人们对理想和价值的追求，无限拔高感性生命的价值，造成人文精神的失落，但人终究是需要精神生活的。

泛娱乐化的大众文化并没有带来真正的愉悦，相反，焦虑、孤独、怠倦等心理问题正在全社会蔓延。事实上，娱乐化下人对现实的不关心、不在意、拒绝思考的态度，本质上仍反映了网络与现实的割裂。当短视频用一种全新的话语体系冲击着主流文化，审美和艺术也越来越趋向于娱乐和浅薄。每个人只要注册账号就能进行碎片化表达，流行话语泛滥的情况也越来越多。互联网时代的语言越来越失去美感、生机和想象力。我们可以看到一个简单的视频号，可能仅仅是靠打情骂俏、装疯卖傻，就能圈粉几十万，甚至粉丝量过百万。当然每个人都有自由选择娱乐的权利，但同时也都该有自觉防范人文精神失落的责任。

3. 造成社会生活趋向的单调与平庸

娱乐消遣是大众文化的主要特点。娱乐消遣对人来说本也无可厚非，马克思把这种精神需求称作"享乐的合理性"①。但是，当这种娱乐消遣发展到一定程度，并形成了一种固定的消费方式的时候，人们就会成为娱乐的附庸，文化会变得平庸，人们被淹没在这些没有营养的娱乐中不能自拔。例如网络世界中混乱的"水军""妈妈粉""饭圈儿"等层出不穷，人们原本丰富的精神世界变得单调与平庸。

4. 充当西方观念渗透的载体

西方的一位理论家曾经指出："资本主义的统治直接来自大众传播媒介对资产阶级意识形态的传播。"大众文化成为西方国家向发展中国家渗透西方文化观念、实施文化霸权的工具，这是有其内在原因的。第一，从大众文化的对象上来看。大众文化的对象主要是一般的社会大众。社会大众有个普遍的特点就是容易从众，这种从众的心理虽然会让人们感受到一种踏

---

① 中共中央马克思恩格斯列宁斯大林著作编译局. 马克思恩格斯全集. 第2卷［M］. 北京：人民出版社，1965：166.

实感和归属感，但是也让大多数人放弃了自己的独立思考和辨别真伪的能力，进而容易丧失个人的主观意识和判断能力。第二，从大众文化的影响力来看。大众文化因为其更加贴近生活，很容易被大众所接纳，并且由于互联网的迅速发展导致其传播速度更快，影响也更加深远，人们的价值观很容易在潜移默化中被改变。第三，大众文化的传播途径越来越广泛。新媒体时代，大众文化的传播媒介越来越丰富。速度快、周期短已经成为大众文化传播的主要特点。一个网络热词，一个短视频，或者一个综艺，都会迅速曝光。当各种文化产品迅速传播到社会大众当中的时候，国家和政府对它的审查和监督的难度也增加了[①]，所以加强文化市场的监管，为人民群众提供健康有益的文化产品也是非常必要的。

我国的大众文化受西方影响很大，大众文化的发展早期也是经历了较长时间的模仿阶段。所以我国的大众文化产品在题材、内容等很多方面受西方影响很大。西方文化对中国文化的渗透主要体现在通过大众文化潜移默化地对人的思想进行引导上。尤其是年轻人思想单纯，对一些经过包装的虚伪理论辨别能力差。比如有些西方国家制造和发行的游戏充斥着残暴凶杀和自私自利的理念，潜移默化地影响了一些人的观念，甚至有的"毒教材""毒广告"恶意丑化中国人形象等。就这样，西方的腐败落后的思想观念和价值观念打着"自由""民主"的幌子进入中国文化市场。

这些年，我国加大对大众文化管理的力度，反映社会主义现代化建设的主旋律文化得到较大发展，呈现出大众文化与主旋律文化齐头并进的局面。[②]我们可以看到，中国国内真正优质的大众文化产品越来越多，也产生了积极的影响，但是，仍然存在西方观念对中国大众文化渗透的现象，特别是西方价值观在网络媒体的传播，这种现象不容忽视。因此，要加强网络文化安全治理，培养大众的文化安全意识，提高他们辨别和抵御西方资

---

① 金民卿. 文化全球化与中国大众文化 [M]. 北京：人民出版社，2004：4-5.

② 杨青. 试析大众文化的特点、负面效应及其对策 [J]. 唐都学刊，2001（04）.

本主义意识形态和错误价值观念的能力，从而引导大众树立正确的文化安全观念。

第三节　中国特色的大众文化实践

大众文化是改革开放以来的新兴文化现象，对社会的发展有着巨大的影响，但不容否认，大众文化内部也充满矛盾。因此，我们不能简单地对其采取盲目乐观的态度，也不能轻易地全盘否定。新的时代需要我们对大众文化进行更加有效的引导、规范和改造，为其注入价值、意义、审美等文化元素，以提升大众文化的现代人文精神。只有这样，才能走出中国特色的大众文化实践之路。

一、以主流文化引导大众文化健康有序发展

主流文化或被称为主导文化、主旋律文化，是一个社会、一个时代受到倡导的、起着主要影响的文化，它是以国家权力为依托，是表达国家正统意识形态的文化。主流文化反映着国家的根本意志、文化趋向和价值观，是保证经济发展、政治稳定、社会进步和民族团结的精神因素，也是促进当代中国社会发展、现代化建设事业取得成功的重要力量。当代中国的主流文化，是中国共产党领导下的建设中国特色社会主义的文化。中国特色的社会主义文化，既是我国社会主义经济、政治在观念形态上的反映，又对当代中国经济、政治发展具有指导作用。它以突出党的领导、倡导社会主义精神文明为其基本特征。当代中国主流文化是发展社会主义市场经济、推进依法治国、不断提高人民物质生活和精神生活水平的有力保障。

当今世界，各国文化相互影响，多元文化共存。每个国家都需要建立具有民族特色的文化。基于此，主流文化和大众文化更是需要齐头并进。

改革开放以来，我国的主流文化日益发展，但是，主流文化和大众文化之间还缺乏更好的平衡和协调。目前，两者之间的失调、摩擦和对峙现象是相当突出的。①一方面，改革开放以后，主流文化得到了极大的发展。另一方面，社会大众对物质利益的追求日益明显，部分公职人员假公济私、贪腐无度，也对社会产生着巨大的消极影响。②

我国的主流文化总体来看，起着传承中华优秀传统文化和弘扬社会主义核心价值观的作用。中华民族有5000多年的优秀历史和光辉灿烂的文化底蕴。对于世界观、人生观和价值观还未完全成熟的年轻一代来说，主流文化应该随着时代的不断发展而进行不断的创新，为中华文化创造新的生命力。只有这样，我国的文化底蕴才能被年轻一代所熟知、所认同，才能在应对外来文化的冲击时，保持对本民族文化的自信。近些年，主流文化在传承中华优秀传统文化方面，有很大的发展和进步。例如2022年开年，从春晚到北京冬奥会，从舞蹈《只此青绿》到冬奥吉祥物冰墩墩。在它们一夜走红的背后，我们看到了全新的审美形象的打造，更重要的是看到了它们所包含的中国元素。以中国名画《千里江山图》为背景创作的舞蹈和以国宝熊猫形象创造的吉祥物，向人们传递着中华文化的精神，彰显着中华文化的自信力。成都的熊猫纪念币、三星堆雪糕、故宫国宝色口红的创意同样如此。人们通过购买纪念品、拍照留念等方式在有形和无形中将中华文化的特色传播到世界各处。近些年的影视作品如《人民的名义》《功勋》《长津湖》等更是向人们展示了中华民族吃苦耐劳、疾恶如仇、热爱祖国的美德。

在主流文化的影响下，反映我们日常生活点点滴滴的大众文化，也凭借其独特的优势，带给人们越来越深的影响。我们发现，越来越多的年轻人崇尚新国潮，喜爱国风新文化，他们更愿意购买优秀的国货品牌，相信

---

① 杜惠峰. 论当代中国大众文化的建设 [D]. 内蒙古：内蒙古大学，2004.
② 许士密. 大众文化和主流文化、精英文化良性互动机制的构建 [J]. 求实，2002 (06).

国货品牌的质量，喜欢它们的品牌文化。年轻人开始走进博物馆，领悟博物馆背后的历史文化精髓。他们愿意把参观博物馆作为自己休闲娱乐的方式，在参观游览中感悟中国的历史，把握历史文化的脉搏，感受历史的沧桑与厚重。

由此可见，我们应该善于在全社会营造主流文化的氛围。过去欧美和日本对我国进行了大量的文化输出，导致了一些负面的影响。为避免此类情况继续恶化，我们应该通过对主流文化的扶持，让更多的人通过多样的方式来了解我国深厚的文化底蕴。比如做好文物保护，规划利用图书馆，建立文化展览馆等。

同样，增强对大众文化的影响力也是目前文化建设的重要任务。要从树立精神支柱、激发精神动力、优化精神风貌、加强精神生产、改善精神生活、健全精神规范、提高精神素质等七个方面进行规划和管理。[1]总之，要"加强党对意识形态工作的领导，党的理论创新全面推进，马克思主义在意识形态领域的指导地位更加鲜明，中国特色社会主义和中国梦深入人心，社会主义核心价值观和中华优秀传统文化广泛弘扬，群众性精神文明创建活动扎实开展。公共文化服务水平不断提高，文艺创作持续繁荣，文化事业和文化产业蓬勃发展，互联网建设管理运用不断完善，全民健身和竞技体育全面发展。主旋律更加响亮，正能量更加强劲，文化自信得到彰显，国家文化软实力和中华文化影响力大幅提升，全党全社会思想上的团结统一更加巩固"[2]。

二、实现大众文化与精英文化的有机结合

相较大众文化，精英文化所指向的群体不是占人口大多数的大众群体，

---

① 王忠武. 论二十一世纪中国大众文化的发展方向及其控制［M］. 东岳论丛，1999.

② 习近平. 决胜全面建成小康社会 夺取新时代中国特色社会主义伟大胜利：在中国共产党第十九次全国代表大会上的报告［N］. 人民日报. 2017-10-28.

一般来看，精英指的是少数人，比如说以知识分子为代表。精英更多地体现为新知识、新观念和新方法的创造主体。精英文化一般代表着社会上少数知识分子的审美情趣、价值判断，对社会整体的文化发展具有导向作用。从历史脉络看，社会的进步离不开精英文化的发展。精英文化承担着价值导向的功能，是文化发展的根基。社会的发展，国民素质的提高，文化的人文提升都离不开精英文化的指导。①

大众文化和精英文化实际上是相互影响、相互渗透的。二者需要进行平等的对话与交流。一方面，精英文化不能孤芳自赏，精英文化也应该体人心，接地气。另一方面，大众文化也要在内容等方面积极地靠近精英文化。大众文化也需要理论，需要创造，需要时间，需要认同，更需要有远见。当然，精英文化和大众文化各具特色，它们都有自己独特的存在方式、受众群体和发展机会，大众文化与精英文化在受众范围、审美情趣、传播途径等诸多方面都有明显的区别。例如精英文化作品一般由艺术家独立创作，产品数量少，受众群体少。而大众文化产品则主要由团队制作，以流水线的制作方式产出，以大众媒体的传播方式传播，因而拥有广泛的受众，二者都具有不可替代性。

在全球文化不断进行交流、融合的今天，文化发展的趋势要求精英文化和大众文化有机结合。虽然它们之间存在着一定的矛盾，但同时二者也具有互补性。它们之间实际上是一种相互影响、相互渗透的矛盾关系。大众文化需要精英文化的思想指导、智力支持，而精英文化则需要大众文化提供思想资料、应用市场。两者最终通过相互整合，共同提高。通过具体内容的整合，让精英文化和大众文化在内容上不矛盾，在范围上不冲突，在功能上不抵触，进而达到相互兼容、互补的作用。

当今社会，知识分子应当有自己的社会责任和历史担当。要勇于实践和敢于担当社会使命。积极投身于中华文化传承和实现中国梦的伟大实践。

---

① 许士密. 大众文化和主流文化、精英文化良性互动机制的构建 [J]. 求实，2002 (06).

既要有忧国忧民的情怀和坚韧不拔的意志，还应该有符合人类发展的时代认知。真正的知识分子是社会进步的力量。

三、强化历史责任感，提升大众文化品位

大众文化建设有赖于大众文化工作者的辛勤劳动。大众文化能否健康地发展，不仅依赖党和政府的正确引导，也取决于从事大众文化工作者的自觉性。这些工作者需要正确认识大众文化在社会主义现代化建设中的地位和作用。只有深刻理解大众文化的社会属性和历史使命，工作者才能自觉地将工作与社会主义事业相结合。如果工作者缺乏此认识，就难以履行应有的社会责任，也难以把握大众文化的发展方向。

当代中国大众文化工作者主要包括大众文化生产者、经营者和管理者。他们需要明确自身的职责和使命，推动大众文化正确发展。大众文化尤其是文学艺术肩负有满足人民精神需求的任务，其内容和价值观直接影响人民的精神世界乃至整个民族的素质和发展。可见，工作者必须发挥其主体作用。党和政府虽然可以通过政策等手段对大众文化进行引导，但最终还需要工作者的自觉性来决定大众文化走向。工作者需要清醒认识大众文化的社会影响力，理解其服务社会主义现代化的责任。只有当工作者主动把工作融入社会主义事业大局，推动大众文化朝积极方向发展，大众文化才有可能真正履行其历史使命。今天大众文化虽然带有商业目的，但工作者不能淡化历史使命和人文责任，不能过于追求销量、转发量、点击率等。工作者必须明确其社会作用，主动服务社会主义现代化。这需要工作者正确认识大众文化地位，提高责任感，避免过度商业化，避免追求低级趣味。如果只注重商业利益而忽视社会影响，大众文化必然偏离正确方向。所以工作者必须明确大众文化的社会属性，主动服务现代化建设。文化工作者有责任推动中华优秀传统文化创造性转化，创新性发展。文化工作者要有立足当下、着眼未来的气魄，要有大胆探索的精神和勇气，更要有对自己的民族和国家的文化自信，用心、用情、用力去打造好的文化产品。

　　新的时代呼唤优秀的文化工作者，呼唤优秀的文化产品。这就需要我们从以下几个方面入手。第一，大众文化要深入实际，从人民生活中吸取营养。从群众中来到群众中去，这既是党的群众路线，也是提高大众文化品位的首要前提。大众文化要真正成为有意义的文化，必须真实反映人民的需要。只有深入生活，反映现实问题，才能避免文化的简单化、形式化，才能获得大众喜爱，实现文化的发展。这就需要大众文化真实还原人民生活，摒弃"闭门造车"的做法，避免机械使用创作模式和手法。不能采取固定的模式和手法来表现丰富多彩的现代生活。创作者要基于对人民生活的精准理解，选择恰当的创作手段，做到形式与内容的有机结合，真实地反映生活。第二，要把现代意识和科学精神融入大众文化。如大众文化创作中要融入社会主义核心价值观、新发展理念等。现代生活观念深刻地影响和改变着人们的思维方式、生活方式以及社会发展方向。把现代生活观念融入大众文化，可以促进大众文化的现代转型，提高其时代性和社会影响力。这是提高大众文化品位的重要途径之一。这需要创作者准确理解现代精神内涵，并在创作中加以表达。为满足大众精神需求和服务现代化，大众文化必须随时代而变化，反映现代生活。体现科学精神的思维方式和知识结构，在文化创作过程中，我们既要坚持科学精神，又要坚持人文精神。既要按照事物的客观规律来创造，追求探索与求真精神，同时又要体现人文关怀，这样我们才能够在大众文化的传播中不至于走向反理性的泛娱乐化，以人为本的创造理念就是人文精神和科学精神相结合而发展出来的产物。第三，加强先进科学手段在大众文化产品生产和运行过程中的运用，先进的科技手段使当今的文化传播更加具有生命力。例如借助科技手段来数字化保存艺术作品，就是对历史文化的保护和传承。2018年，文化工作者依靠科技手段，运用实体造景和影像技术，配合舞台表演与虚拟角色交织互动，让《清明上河图》在故宫展演，让游客身临其境地感受汴京的盛世繁华。2019年，文化工作者以数字技术、虚拟影像、动作捕捉等科技手段呈现出了紫禁城的年节文化。

四、加强社会审美教育，提高大众的审美素质

马克思指出："没有消费，也就没有生产，因为如果没有消费，生产就没有目的。""生产直接是消费；消费直接是生产。"①审美教育实际上是一个发现美、体验美、创造美的过程。大众审美水平的高低直接决定着文化消费观念的好坏。良好的审美教育，可以使人有责任感和独立性，让人有机会去评估和创造美的事物。通过审美教育提升审美能力，才能拥有更加完美的审美情趣和更高的审美境界，才能紧跟时代发展的步伐，让文化历久弥新，才能促进国家的繁荣和发展。

开展审美教育要做到学校、家庭、社会教育相结合。一方面，美育涉及民族素质问题，是全社会的责任，而不仅仅是教育部门的职责。另一方面，审美教育应重视对大众的教育，审美教育对培养个体和社会的审美素质具有重要作用。在实践中，相关部门在部署美育教育任务时，也应面向个体和社会两个层面来推进工作，最终使人们的审美标准从根本上走出误区，不断提高大众的审美情趣和人文素质。

五、通过行政和法律手段规范大众文化

当今的大众文化发展迅猛且与我们息息相关，它影响并改变着我们每一个人，也对社会的发展产生了深远的影响。我们对待大众文化的态度是要不断地规范和创新，创造积极向上的大众文化。利用大众文化来增强民族凝聚力，为民族的发展注入不竭的动力，这就需要我们对大众文化加强监管和规范。

一要对大众文化市场进行规范。改革开放后，随着文化体制改革和文化产业发展，文化市场开始形成，推动了大众文化的发展。但当前文化市

---

① 中共中央马克思恩格斯列宁斯大林著作编译局. 马克思恩格斯文集. 第8卷［M］. 北京：人民出版社，2009：15.

场还不成熟，存在管理不够规范等问题。这就需要从行政管理和法律监管两个方面来规范大众文化市场，并借助社会力量进行监督，以促进大众文化市场的健康发展。要加强法治建设，完善文化管理体制，加快文化立法，制定地方性法规，并严格执行。各级文化管理部门要依法管理，打击大众文化市场中的违法行为。从源头控制产品质量，建立预防机制，监督管理部门和工作人员的依法行政行为，对违法行为采取惩戒措施。尤其是针对文化市场中存在的泛娱乐化现象，各级文化管理机构也应依法行政、常抓常管。二要借助社会力量参与大众文化市场的管理。例如组建包含各界代表的大众文化市场评估团，定期评估大众文化商品，决定是否继续发行。在互联网日益发展的今天，可以借助自媒体等网络平台建立一整套市场调节制度。例如可以在微博、视频网站等平台上发布产品评价帖，让更多人参与讨论，评价产品质量和市场效果，为管理部门决策提供参考。可以建立大众文化产品和市场的在线监测系统，政府部门可以与自媒体平台合作，收集用户对产品和市场的评价意见，实时了解市场反应和存在的问题，有针对性地加强监管。总体来说，要从源头上控制大众文化产品的生产质量，大众文化产品质量的监管要在市场开放的前提下，培养文化产业人才和完善的产业链，生产社会所需要的健康有益的文化产品。只有这样，才能够有意识地培养和鼓励符合主流价值观念的文化产品在市场上出现并传播。三是要制定正确的文化政策和文化发展战略，在文化交流频繁、思想传播迅速的时代，政策制定要及时跟进文化领域的最新动态，做出快速反应，引导其健康发展。例如加大对文化产业的投入，拓宽文化企业的融资渠道，给予税收优惠等。

大众文化想要实现长久健康的发展，永葆精神活力，就要坚持社会主义核心价值观引领。社会主义核心价值观是在马克思主义指导下形成的当代最先进的思想体系，理应坚持马克思主义的立场、观点和方法，这也是指导社会主义核心价值观引领大众文化取得成功的方法论秘籍。同时，要扎根中华优秀传统文化。中华优秀传统文化是社会主义核心价值观的深厚源泉，是其引领力和凝聚力生成的精神基础，离开中华优秀传统文化这一根本，社会主义核心价值观便失去了生存的源泉。

进入新发展阶段，在新征程上坚定文化自信，我国大众文化发展必须在马克思主义的指导下有序地进行。以中华优秀传统文化为源头，与中国具体实际相结合，建立多种文化创新发展模式，结合网络文化传播手段，促进我国文化强国梦的实现。

第五章
新时代我国乡村文化多样发展

党的十九大提出了实施乡村振兴战略的重大决策部署，特别将乡村文化发展建设摆在了突出位置。我国是农业大国，拥有灿烂的农业文明，中国文化的根在乡村。也正是如此，乡村文化的发展有着全局性、基础性作用，为文化塑魂育人提供动力。新时代新征程，要保护、延续数千年祖先创造的精神净土，让其继续为筑牢民族精神发挥作用，同时也要大力推动乡村文化的多样发展，丰富乡村文化生活，不断提高乡村社会文明程度，为推动中国特色社会主义乡村振兴提供强大的精神动力。

第一节　我国乡村文化发展的现实扫描

一、乡村文化概念

乡村文化从狭义的角度讲，就是以乡村为空间范围，以农民作为创造的主体，反映农业为主的农村生产生活的一系列价值观念、行为方式、规则制度及文学艺术等；从广义的角度讲，乡村文化则是反映乡村区域内人们一切活动及物质基础的相关文化表现形式。乡村文化从总体上看可以分为四个方面。一是农耕文化，这是与农业生产直接相关的知识、技术、理念的综合，包括农业哲学思想、农业美学文化、栽培方式、耕作制度、农业技术等。二是乡村技艺，它们凝结着先人生存智慧，反映人们的精神信仰、心理诉求，如石匠、木匠、刺绣、酿造等技艺。三是乡村景观文化，以农业活动为基础，大地景观为背景，由聚落景观、田园景观、社会生活景观和自然环境景观等共同构成，体现人与自然和谐发展关系。四是乡村节日与习俗，包括衣食住行的方式，婚丧嫁娶习俗、民间信仰与禁忌、乡村艺术和娱乐活动等人们生活中的文化现象。①乡村是文化的宝库，乡村文化是中国文化极其重要的组成部分。具有数千年传统农耕文明历史的中国，其传统文化是伴随着农耕社会孕育而出的，因而从它产生开始就充满着浓厚的乡土气息，在顺应古今不同时期的社会实践动态演变过程中，不断结合时代的特征，最终构成了我们今天丰富的乡村文化内涵，展现着中国特色的传统文化生态。如乡村文化中人与自然关系上的"天人合一""人定胜天"辩证统一思想，强调人对自然的尊重与了解的同时，又注重人与自然的协调平衡。人与人、人与社会的关系上提倡和谐统一的理念，与人为善，睦邻友好，知礼包容，海纳百川。重视"守常"又追求"变易"，注重"内省"又强调"外求"，等等。

　　当然，不同历史时期的乡村文化，依托各个时期的政治经济基础，受时代大环境的影响，所表现出的具体性质和形式也会有所不同。在漫长的封建社会，我国乡村文化反映的是以封建小农经济为背景的农民生产和生活。近代西方资本主义的入侵，解构了中国小农经济的模式，冲击了中国传统文化。传统文化虽也进行了改良，但其改良并不彻底，使乡村文化遭遇到严重的发展困境。马克思主义思想与中国乡村文化中的大同思想相契合，使之有效地锲入近代乡村文化发展需要。在中国共产党的领导下，农民成为革命的中坚力量，乡村文化也随之带有浓厚的自主革新的色彩。新中国成立后，人民当家做主人，摒除封建性质的文化糟粕，乡村文化形式以社会主义性质、集体主义为特点。改革开放后，乡村经济模式发生了变

---

　　① 刘建军. 聚力乡村文化建设 助推乡村振兴战略［J］. 乡音，2022（05）.

革，随着农民与土地间的羁绊趋于瓦解，乡村文化中的集体主义色彩也为之淡化，呈现多样化，社会主义精神文明建设成为这一时期乡村文化建设的重点任务。进入新时代，以习近平同志为核心的党中央将社会主义文化建设提升到建设社会主义文化强国的战略高度，以乡村振兴为主导，建设乡村文化，提高农民素质，促进乡村经济社会和谐发展。当前，在实施乡村振兴战略背景下，发展乡村文化建设就是要在继承和延续传统文化的同时，还要不断丰富和完善乡村文化，赋予其新的时代内涵，从而满足广大人民群众对美好生活的向往和追求。

重农固本是安民之基、兴国之要，党的十九大提出实施乡村振兴战略，是关系国计民生的重大举措。乡村振兴，既要塑形，也要铸魂，这个"魂"则是文化。进入新时代，文化不再是为乡村经济振兴助力的次要方面，而是乡村振兴的初心、灵魂和方向，以乡村文化振兴激发乡村振兴的内生动力，是乡村振兴战略中的铸魂工程。①

二、我国乡村文化建设的现状

乡村文化建设涉及乡村社会发展的方方面面，既是乡村建设的难点，也是灵魂所在。新时代新征程，在大力推动乡村振兴条件下，通过政府供给和政策实施，在社会各方面共同努力下，我国乡村文化建设初见成效，为乡村振兴持续发展提供精神动力和核心保障。

（一）乡村公共服务体系形成

随着我国社会主要矛盾发生转变，人民对精神文化生活的需求越来越高，对公共文化服务的需要越来越强烈。因而，乡村群众对乡村公共服务的需要有所提高。建设乡村公共文化服务体系，是乡村群众基本文化权益的重要保障，是提升群众文化获得感和幸福感的重要尺度，也是实现共同富裕的文化基础和人民美好生活的精神基石。

---

① 王慧姝，张洪玮. 以乡村文化振兴乡村内生动力 [J]. 中国社会科学，2020 (01).

　　经济社会发展水平越提高，人民群众物质生活越丰富，人们精神文化需求就越突出。近年来，国家通过加大财政投入力度，加大投入基础教育，加强公共文化设施建设，深入推进面向基层的文化惠民工程，开发文化资源建设阵地，以扩大公共文化服务广覆盖为主要目标的乡村公共文化服务体系建设取得了显著成效，充实农民精神境界，改善农民文化生活，乡村公共文化服务整体水平明显提高。从曾经的一年到头都难得看上几次文化表演，到文艺演出进乡村到地头的遍地开花，伴随着乡村基础公共设施的建成，乡村群众的文化活动越来越多姿多彩。围绕巩固拓展脱贫攻坚成果，充分发挥文化扶志、扶智的重要性，对脱贫地区文化建设投入力度总体稳定，脱贫地区公共文化服务质量不断提高。[①]另外，各地切实结合本地区的实际情况，采取选派干部下乡等精准扶贫政策，专门针对当地的实际特点提出相应并确实可行的扶贫方案，取得了令人可喜的成绩。例如，辽宁省开展的精准扶贫项目"千企帮千村"，通过政府引导社会扶贫重心下沉，促进帮扶资源向基层汇聚，并大力选拔优秀人才强化驻村干部队伍，以持续推进扶贫工作、全力巩固脱贫成果。吉林省尤其重视乡村实训基地的建设，坚持完善以加快职业化为目标的新型职业农民教育培训体系，注重提升农民的文化素质及专业技能，以便形成良性的自我发展机制，进而推动实现农业现代化进程。黑龙江省将国家电子商务引入乡村，建设"农村综合示范县"项目，从而实现了产业增收项目全覆盖，有效地提升了乡村居民的科技素养，也使得农民收入大大提高。[②]河南省利用5G技术兴建农田地理信息应用中心、智能灌溉控制系统等配套设施，一排排节水灌溉喷头整齐排列，大型自走式喷灌机矗立田间，灌溉小麦场景科技风满满。"缺不缺和够不够"的问题总体上得到了解决，乡村公共服务呈现出整体推进、

　　① 寇佳丽. 全国人大代表冉慧：做好乡亲们的代言人［J］. 经济，2022（04）.

　　② 张渴欣. 马克思主义文化观视域下新时代乡村文化建设研究［D］. 沈阳：沈阳工业大学，2021.

重点突破、全面提升的良好发展态势，乡村人民群众在享受公共文化服务更加便利的同时，文化获得感和幸福感也在不断地提升。

但是，"缺不缺和够不够"虽得到了解决，公共服务效能的"好不好与精不精"问题却逐渐凸显，高水平文化服务相对缺乏，文化供需结构性矛盾突出。同时，我国城乡公共文化服务的发展差距依然较大，乡村公共文化资源配置不合理、基层文化设施利用不充分等问题仍然存在。这就需要坚持政府主导、社会参与、重心下移、共建共享，统筹推进公共文化服务建设，努力提供更多更优质的乡村公共文化产品和服务，不断扩大和增强覆盖面与实效性，以更好地满足乡村群众多样化、多层次和多方面的文化需求，从而丰富人们的精神世界，增强精神力量。

（二）乡村文化产业成效显著

文化振兴是乡村全面振兴的重要内容和乡村经济社会发展的重要动力，同时乡村振兴战略的实施，也为乡村文化产业的发展带来了难得的机遇。充分发挥乡村文化产业赋能乡村振兴作用，对促进乡村进步、乡村产业升级、农民的全面发展和加快推进农村现代化建设都具有十分重要的意义。众所周知，乡村是一个包含着自然、社会、经济和文化等方方面面的复合的有机整体，它承载着不同地域和不同民族的特色文化。因此，我国乡村蕴含着丰富的文化资源，乡村文化也就呈现着鲜明的多样性、地域性和民族性的文化特征。国家统计局等部门发布的数据显示，2020年全国共有乡镇级行政区划38741个，这其中镇21157个，乡8809个，街道办事处8773个；2020年全国行政村（社区）61.5万多个，其中行政村50.2万个，社区11.3万个。截至2021年年底，全国共计有中国传统村落6803个；中国历史文化名镇名村合计799个，其中名镇312个，名村487个；中国少数民族特色村寨1652个。① 千百年来在农耕经济基础上孕育的多元丰富的乡村文化是文化产业赋能乡村振兴最宝贵的文化资源，同时也是乡村文化产业

---

① 李炎. 特色文化产业：乡村振兴的新动能［N］. 北京：中国文化报，2022-04-09.

赋能乡村振兴的基础。怎样将具有特色的乡村文化业态丰富发展，使得优秀传统乡土文化得到有效激活，乡村人文资源和自然资源在得到有效保障和利用的同时，使乡村一二三产业有机融合，乡村文化产业对乡村经济社会发展起综合带动作用，是我国发展乡村文化产业研究的重要课题之一。

　　民族要复兴，乡村必振兴。近年来，我国各地相继出台一系列政策措施，推动乡村文化产业发展取得显著成效。如被誉为"中国曲艺之乡"的河南省平顶山市宝丰县，注重把弘扬和传承中华优秀传统文化和塑造曲艺文化品牌相结合，以此来推动当地乡村经济转型升级，有效地吸纳了乡村的剩余劳动力，解决相关部分就业问题，大大增加了农民的收入水平。江苏省苏州市吴中区香山街道舟山村有着优秀的历史和深厚的文化底蕴，2014年被列入第三批"中国传统村落名录"。在实施乡村振兴战略过程中，舟山村持续深入挖掘地域文化资源，坚持创新转型，从传统手工艺资源保护与利用、传统村落文化保护开发、淳朴乡风养成等多方面，推动区域乡村文化整体发展，走出了一条文化赋能乡村振兴之路。2012年，舟山村荣获"全国乡村特色产业亿元村"，成为"中国核雕第一村"。推动文化与旅游相结合，坚持以文塑旅、以旅彰文，在巩固拓展脱贫攻坚成果同乡村振兴有效衔接过程中发挥积极作用，从而推动乡村产业兴旺、生态宜居、乡风文明、治理有效、生活富裕。[1]海南省三亚市中廖村依托华侨集团的品牌影响力和资源优势，充分整合农业生产、乡土文化、农垦资源，实现农村、农业、农民与旅游相结合，探索出"文化旅游+美丽乡村建设"为特点的精准扶贫之路。[2]广西壮族自治区利用得天独厚的生态环境、气候条件、旅游资源和丰富的民族文化资源，发展大健康和文旅产业。创建文化旅游强区

　　① 杨丽敏. 文旅融合赋能乡村振兴［N］. 北京：中国旅游报，2022-04-08.

　　② 刘宏. 海南三亚中廖村：文化旅游+美丽乡村建设［J］. 世界旅游联盟秘书处，2019
(11).

和世界级旅游目的地，打造"长寿广西""壮族三月三""刘三姐文化"等品牌，完善乡村旅游基础设施和旅游产品体系，为推动乡村振兴做出贡献。[①]贵州省作为红军长征活动时间最长、活动范围最广的省份，留下了许多宝贵的精神财富。当地深入挖掘红色文化资源，加强红色文化资源保护传承弘扬，奋力打造一批红色旅游精品项目，切实推动红色资源转变为红色产业，力求让红色基因真正变成可持续的发展基因。推动乡村文化产业赋能乡村振兴，文化是根本，产业是载体。充分发挥社会主义核心价值观的引领作用，统筹优秀传统乡村文化，保护传承和创新发展，发挥文化铸魂、赋能的作用，推动文化产业资源要素融入乡村经济社会发展，从而挖掘提升乡村人文价值，培育乡村发展新动能。

（三）农民精神风貌改善

农者天下之本也，农民既是乡村振兴的实践者，更是受益者，乡村振兴依靠的主要力量也是广大农民。推动乡村振兴取得新进展，农业农村现代化迈出新步伐，必须坚持物质文明和精神文明一起抓，切实提升农民精神风貌，充分发挥农民在乡村振兴中的主要作用，积极调动其主动性和创造性，不断提高乡村社会文明程度。习近平总书记指出，实施乡村振兴战略不能光看农民口袋里票子有多少，更要看农民精神风貌怎么样。[②]农民的精神风貌影响着乡风民风，也影响着农民生活幸福指数。应当充分认识文明乡村建设的重要性，必须坚持物质文明和精神文明一起抓，以社会主义核心价值观为引领，持续培育涵养新时期文明的乡风、良好的家风和淳朴的民风，不断提升农民的精神风貌，营造农村新风尚，为乡村振兴注入强大的精神动力。

乡村振兴不振兴，乡风好不好尤为重要。近年来，各地在革除农村陋

---

① 杨丽敏. 文旅融合赋能乡村振兴［N］. 北京：中国旅游报，2022-04-08.
② 十九大后首调研 习近平花30元买村民手工香包："捧捧场". 人民日报客户端，2017-12-13.

习、树文明新风方面做了一些工作，取得了明显成效。为了有效抑制农村陈规陋习，树文明新风，2019年中央农村工作领导小组办公室等11个部门共同印发了《关于进一步推进移风易俗建设文明乡风的指导意见》，对文明乡风建设工作做出全面的部署安排。推进移风易俗、建设文明乡风工作依法依规开展，符合农村实际，尊重当地传统习俗，最大限度地体现全体农民群众的意愿，得到社会各界的拥护和支持。全国各地新时代文明实践中心建设有条不紊地推进，农村基层的思想文化宣传工作更接地气，也更加有活力。理论宣讲大众化，服务群众精准化，移风易俗常态化，切实做到凝聚和引导群众，为乡村振兴战略提供强大助力。提升农民精神风貌，还着力围绕培育新型农民，培养具有现代科学文化素质的代表中国农民新面貌的新时代农民，提升农民主体能力。巩固农村基础教育，发展农村职业教育、成人教育和继续教育，加快农村现代远程教育。通过先进的网络技术等多种途径，提升农民科技文化素质，增强农民的致富能力和自我发展能力，引导农民转变思维方式和思想观念，成为有文化、懂技术、会经营的新型农民。[①]弘扬时代新风，着力丰富农民群众的文化生活，补齐贫困地区精准脱贫的"精神短板"，深化农村精神文明创建活动，充分发挥农村党支部组织、宣传、凝聚和服务农民群众的作用，带领他们解放思想、振奋精神，学好致富技能和本领，齐心协力把乡村振兴战略落到实处。[②]丰富乡村文化生活，在乡村开展各种各样的文化文艺活动，比如开展文化文艺下乡活动，志愿者深入乡村开展丰富多彩的文化志愿服务活动，让更多城市高品质的文化社团和文化节目走进乡村，丰富农村群众文化生活，活跃农村文化气氛，使农村群众享有更加充实、更为丰富的高质量的精神文化生活。各地还落实举措，推进创新，着力实现乡村公共文化服务网络全覆盖，

---

① 杨智. 发挥农民主体作用 激发乡村振兴活力［N］. 广西日报，2022-03-03.

② 张渴欣. 马克思主义文化观视域下新时代乡村文化建设研究［D］. 沈阳：沈阳工业大学，2021.

推动乡村网络文化繁荣发展，使老百姓在共建共享中获得收益的同时，也拥有幸福和感悟，提升农民群众的精神风貌。

三、乡村文化建设存在的问题分析

乡村文化建设是新时代推进乡村振兴和精神文明建设的重要手段，是将农民对美好生活的向往转化为实践图景的必要途径。多年来，我国在推进乡村文化建设方面已取得了较大的进步，但由于各种原因，目前这方面仍然存在着一些不容忽视的问题，必须加以重视。

（一）乡村公共文化供需存在矛盾

一是政府供给的相对滞后与乡村群众迫切需求之间的矛盾。我国政府长期以来都非常重视公共文化供给，力求最大程度地满足广大人民群众的基本文化需求。目前，我国广大乡村地区公共文化基础设施建设和资金投入虽都有大幅提高，但是仍相对薄弱，乡村公共文化供给存在一定的矛盾，主要集中在政府供给的相对滞后与乡村群众迫切需求之间的矛盾，政府在乡村公共文化方面的投入难以及时地满足乡村群众日益增长的文化需求，究其滞后的主要原因是资金不足及审批缓慢。以图书供给为例，2018年我国居民的平均阅读量为5.5本，广大乡村地区的图书供给量尚未达到人均阅读量。近年来随着电子图书的兴起，社会公众更倾向于阅读电子图书，向广大乡村地区供给纸质版图书的方式也在一定程度上限制了公众的多样化阅读需求。[①]有相当多的乡村地区虽然已经设立了农家书屋等基础设施，但无人问津，使得农家书屋建设被边缘化，之后的文化供给也在一定程度上造成了浪费。

二是政府单一的行政供给与乡村群众多元化需求之间的矛盾。随着国家对乡村公共文化基础设施建设的重视程度不断提高，乡村公共文化供给也随之大量增加。各地各级政府部门作为文化供给服务的主体，存在过于

---

① 左兰. 农村公共文化供需矛盾何解［J］. 人民论坛，2019（03）.

重视服务速度却忽略了文化服务质量提升的现象。也有的为了实现看似相对均衡的发展，"一刀切"地进行同等的公共文化服务供给，以此满足乡村群众的共性需求，这就会导致在基层的现实操作中，当面对乡村居民分散而又多样化的需求时，单一的行政供给就难以一一匹配受众的个性化需求，无法有效满足乡村居民对公共文化需求的多元化。除了公共文化供给内容单一，公共文化供给单一还体现在主体单一上，乡村地区多数的文化供给都是由当地政府出资，统一规划，而由企业和群众自发性的供给数量则表现较少，这就形成了对政府过度依赖的现象，体现了供给主体的单一性。

三是政府无效供给与乡村群众的实际需求之间的矛盾。随着人们生活水平的不断提高，农民对文化娱乐活动的期待和需求也在发生变化，他们不再满足于传统的娱乐方式，而是期待着更加丰富的文化娱乐活动。乡村电影放映已不再受乡村群众追捧，文化产品配送不接地气、服务单一，大多停留在吹吹打打和写写画画上，缺少受村民欢迎的具有原创性、地方性的文艺作品，部分科技讲座也不对乡村群众的口味。一些乡镇、偏远山村的综合性文化服务中心形同虚设，不开门、不见人、活动少之又少的现象不同程度地存在，农民对公共文化服务的参与度低。图书种类不齐更新速度慢，文化体育器材损坏后，维修速度缓慢，甚至无人维修，公共资源浪费严重。这些都不同程度地反映着当前的乡村公共文化服务供给缺乏特色，难以激发乡村群众的热情，引发他们的共鸣。有时中央的战略决策在地方推进实施的具体过程中，为了达到相应的效果，往往会采取部门强制规定与绩效考核相结合的激励模式，结果却偏离了农民这一本位，虽然看似在实际过程中起到一定的效果，但是也带来了在满足农民实际需求方面遭到弱化的结果。随着新时代的到来，我国乡村群众的文化需求会不断地向较高层次转变，乡村文化公共供给只有以乡村群众的实际需求为基点，努力创新与优化供给，不论是在数量上还是在质量上都不断地提高，才能满足广大乡村群众的不同文化需求。

（二）乡村文旅产业发展定位失准

随着我国居民收入和生活水平的不断提高，大众休闲娱乐活动在人们的需求比重中逐渐增加，"乡村旅游热"也随之风靡全国。越来越多的人对大自然、田园生活充满向往，希望以乡村旅游的方式，感受乡村的自然之美、人文之美。正因如此，乡村文化旅游的准确定位对乡村文旅产业开发显得尤为重要，但是，现实中却是许多乡村文化旅游发展定位失准，走入了误区。所以，认清当前发展中存在的问题，是加快乡村文旅产业市场发展步伐，提高乡村文旅产业整体效益的必要工作。

现阶段我国乡村文旅发展存在的问题在于推动乡村文旅融合发展的合力不足，对于乡村文化产业专门化的政策与规划相对缺少，现有的政策多散见于三产融合方面。关于乡村旅游、乡村振兴等相关文件分行业规划、分部门管理，各部门与部门之间很难做到无缝衔接和有效结合。具有特色的文化资源产业化转化力度不够，文化元素对乡村各产业的渗透、对企业的支撑都不够明显。优秀的农村传统手工艺品、乡土特产的创意设计及公益品牌水平还属于初级阶段，一些特色的文化资源仍没有得到深入挖掘，资源价值没有得到充分发挥，乡村文旅发展对乡土文化内涵挖掘不到位，发展的模式形态单一，缺乏对消费者的吸引力。一些地区并不因地制宜发掘极具当地文化特色的文旅项目和衍生的高价值文化产品，而是盲目跟风照搬，一些经营者也只注重眼前的经营利润而丧失口碑，出现虚假报价、强制消费等行为，既破坏了旅游业的良性循环，也消磨尽了游客归乡畅游的饱满兴致。在乡村文旅发展中，要重视乡村特色文化建设，充分挖掘乡村文化的内涵，增强乡村文旅魅力。新时代背景下，我国的乡村文化旅游要注重文化性与经济性相结合，形成二位一体的新型产业模式。只是单纯地片面追逐经济利益，忽视文化要素就会造成乡村文旅发展定位失准、与实际产生偏差。

（三）农民文化意识相对薄弱

受文化水平及乡村传统观念影响，我国农民思想观念相对较为传统和陈旧，很难改变，禁锢着他们的文化行为。这就使得农民对文化活动的参与热情度较低，对文化事业的建设与发展关注程度不高，农村群众文化建设缺少文化信息基础，导致整个农村社会的文化意识薄弱。

在我国乡村一些陈规陋习仍有存在，如看风水、算命等封建迷信活动依然屡禁不止；红白喜事大操大办，表面上看似风风光光，而实际背后却欠下了难以还清的人情债务，以致恶性循环，还助长了奢侈浪费之风，增加了农民的负担；啃老、不养老的不良事件频频出现。近年来，随着社会主义市场经济的快速发展，互联网5G技术的成熟使用，为我们打开了视野，也为学习认识新鲜事物提供了新的渠道和手段。但是利己主义、功利主义、享乐主义等消极价值观念也随之而来。在这些消极价值观的熏陶下，赌博、色情等情况出现。在征地或拆迁中，有些农民为了自身利益不顾损害他人利益，因地界争议导致邻里关系骤然紧张，甚至反目成仇、形同陌路，这些情况严重地影响了乡村的社会风气。另外，一些农民没有领悟到乡村社会乃至乡村文化真正的魅力，导致现在许多乡村民间手工技艺、民俗文化以及非遗项目无法传承下去，后继无人，出现青年外流多和人才引进难的问题。乡村居民有其自身独特的生活习惯和维持生计的方式，固定时间的春种与秋收，造成了农民生活节奏的单一性，极端时间的农忙与农闲，农民很少有时间和精力去主动参与文化活动，这就使农民参与文化活动非常有限，加之长期以来农村存在的受教育不足，人们思维守旧和处理问题解决方法的单一，都使得农民对乡村文化的认知存在一定的偏差。发展乡村文化建设的主体是农民，乡村文化要发展说到底关键是人，主体自觉是当前乡村文化建设中不能忽视的重要部分，要激起农民对自身的重新认识和自我教育，提高文化意识，增强为家乡建设助力的责任感和荣誉感，以塑造新时代农村建设中农民的新形象。

第二节　乡村文化建设的必要性

全面建成小康社会，实现中华民族伟大复兴，必须推动社会主义文化大发展大繁荣，提高国家的文化软实力，兴起社会主义文化建设新高潮。[①]文化兴则国运兴、文化强则民族强。文化繁荣兴盛，事关实现民族复兴，事关人民美好生活。党的十九大报告明确提出，坚定文化自信，推动社会主义文化繁荣兴盛。乡村文化自信是中国文化自信的重要环节，大力加强乡村文化建设，才能扎实推进社会主义文化强国建设。

一、加强乡村文化建设是赋予当代人的重要使命

党的十九大报告中提出实施乡村振兴战略的重大决策，特别是将乡村文化建设摆在了突出位置。重农固本是安民之基、兴国之要，以习近平同志为核心的党中央一直高度重视农业发展问题，经过艰苦奋斗，我国已如期完成新时代脱贫攻坚的目标任务，这是历史性的跨越，也是新的奋斗起点，脱贫攻坚的重大胜利为实现第一个百年奋斗目标打下坚实基础，极大地增强了人民群众的获得感与幸福感，改善了人民的生产条件和生活质量。[②]据统计，我国农村人口是美国的8倍多、日本的7.5倍、韩国的18倍、欧洲的1.2倍，这是一支多么庞大的队伍[③]，如今，站在中国特色社会主义新时代的历史起点，处在实现"两个一百年"奋斗目标的历史交汇时期，对现代农业发展提出更高的要求。新时代乡村振兴是全方位、立体式的振

---

① 吴继轩，闫宏强，赵子茹. 习仲勋廉政建设思想研究述评与思考 [J]. 中共桂林市委党校学报，2021（12）.

② 张渴欣. 马克思主义文化观视域下新时代乡村文化建设研究 [D]. 沈阳：沈阳工业大学，2021.

③ 杨少敏. 浅谈加强农村文化建设的必要性 [J]. 魅力中国，2018（31）.

兴^①，包括政治、经济、文化、社会、生态等各个方面，而乡村文化振兴正是实现乡村振兴的最有力的精神保障和内在动力。因此，我们高度重视乡村文化建设的落实，积极创新发展模式，走适合实际的发展之路，补齐乡村文化建设短板，助力实现乡村振兴战略。

"文化是一个国家、一个民族的灵魂。文化兴国运兴，文化强民族强。没有高度的文化自信，没有文化的繁荣兴盛，就没有中华民族伟大复兴。"文化自信是最根本、更广泛、更深厚的自信，是国家繁荣民族富强的精神力量。中华民族拥有悠久的历史和灿烂的文化，优秀传统文化是国家、民族传承和发展的根本，是国家、民族的精神命脉。而乡村文化是在农耕文明的基础上诞生的，蕴藏着丰富的文化资源和传承千百年深厚的优秀传统文化积淀。优秀的乡村文化是中华优秀传统文化的根本，是坚定新时代中国特色社会主义文化自信的根本依托。赋予优秀乡村文化与时俱进的时代内涵，彰显其深厚丰富、意蕴无穷的文化魅力，发挥其凝聚人心、教化群众、淳化民风的现实功能，必将夯实乡村文化的底蕴，塑造乡村文化的尊严，推进乡村文化的自觉自信。深入推进乡村文化建设，以社会主义核心价值观为引领，持续培育涵养文明乡风、良好家风，不断提升农民精神风貌，营造农村新风尚，形成乡村文明新气象。加强乡村文化的培育机制，发挥文化建设软实力，注重传承与创新相结合发展乡村文化产业，加强乡风文明建设，激发农民的凝聚力和创造力，真正使农民丰富精神世界、开阔眼界，实现社会主义先进文化扎根美丽乡村。

加强乡村文化建设是新时代赋予当代人的重要历史使命，符合当下建设社会主义文化强国的总体要求，以推进乡村文化建设为智力支撑点，以马克思主义文化观为指引，正确应对新时代下乡村文化建设发展所面临的问题，有利于带动乡村产业发展、推动乡村文明建设、激发农民参与热

---

① 习近平. 决胜全面建成小康社会　夺取新时代中国特色社会主义伟大胜利：在中国共产党第十九次全国代表大会上的报告［N］. 人民日报. 2017-10-28.

情，让农业更强、农村更美、农民更富，使新时代乡村建设朝着全面均衡方向稳步前进。

二、加强乡村文化建设是激发乡村文化活力的必要手段

乡村文化振兴只有高度认同优秀的乡村传统文化、挖掘乡土文化特质，才能激发文化创新活力。促进农民对于乡村文化的根本认同和自信，激活乡村集体记忆，是激发新时代乡村振兴的内生动力。任何文化都需要载体，乡村是我国传统文化的发源地，还是农耕文化、礼仪文化、民俗文化的非常重要的载体。乡村文化是在特定的区域内经过漫长的历史发展过程形成的绵延赓续的物质文化、精神文化和制度文化的总和，发端于人类社会群体的生活需要，并随着时间变化不断演变和升华，深刻影响着人们的生活，留存于世世代代的共同记忆中。传统乡村文化具有凝聚、同化、规范社会人们行为和心理的功能，在相当长的时间内稳定地延续，民众的精神家园，对社会的稳定起着不可估量的作用。乡村文化建设需要注重传统乡村文化的传承，重视培育乡土文化素养，与农村生产、生活规律形成内在的关联。任何传统乡村文化传承弱化，或是缺位，都将使乡村文化建设变味走样。要使文化与历史形成互构关系，引起共情效应，强化农民对乡村文化的认同感。

乡村文化建设遵循乡村内在发展规律，传承好传统乡村文化，体现差异性，倡导多样性，形成富有个性特色的乡村文化，以激发乡村文化活力。没有各具特色的乡村文化，我国乡村文化必将失去灵魂和个性。我国乡村文化发展的本身也是不断创新、开拓进取的历史过程。只有不断创新，才能及时有效地为乡村文化注入新的内容和时代精神，形成量的积聚，从而促使其焕发新的生机，最终产生质的飞跃，获得更长久的生命力。人类历史浩浩荡荡，许多古老文明，有的消亡，有的衰落，有的融入了其他文明，中华文明却从未间断过，历经沧桑绵延不绝、历久弥新，其中的奥秘就在于我们的态度"取其精华，去其糟粕"，这也是哲学中所说的

"扬弃"，既克服又保留。加强乡村文化建设，就要秉承这种"取其精华，去其糟粕"的态度，守护和传承好乡村文化中的优秀传统文化，不断激发乡村文化的活力。

三、加强乡村文化建设是提高农民整体素质的有效途径

自实施乡村振兴战略以来，以乡村文化建设为抓手取得了相应的成效，但是我国乡村文化振兴仍存在短板，加强乡村文化建设势在必行。农民是乡村的主人，他们既是推进乡村文化建设的参与者、创造者，又是乡村文化的受益者，也只有农民自己才最了解乡村文化与自身生产、生活之间的关系。正如以农民为主体的农业经营方式有助于维系农耕文化的代际传递，强化农民把家庭责任和维护土地的责任、生态责任和社会责任统一起来。以农民为主体的乡村生活有助于维系优秀传统文化的传承。[1]但是，由于长期以来我国农民的受教育程度普遍较低，经济风险防范意识和能力普遍较差，对于网络等新兴模式的经营方式也缺乏经验，这就需要在加强乡村文化建设中提高农民的整体素质，呈现农民新风貌，为新时代乡村振兴贡献力量。

进入新时代，随着信息网络技术的发展，越来越多的农民逐渐意识到新农村建设、现代农业发展模式需要新型农民，迫使他们要加强对科学文化的学习，规范自身道德行为，提高文化素养。为了适应社会主义新农村建设的需要，努力培养一批既有文化，又懂技术，还会经营的现代化建设所需要的新型农民。针对农民整体素质的实际情况，制定人才培养计划，强化领导干部队伍建设，以弘扬社会主义核心价值观为核心，加强社会主义先进文化的传播，激发农民群众发扬艰苦奋斗、自力更生的传统美德，引领农民理想信念风向标，为建设社会主义新农村提供强大的精神动力和思想保证。增加关于农业技术、法律等相关方面的阅读视听设备以拓展农

---

① 朱启臻. 乡土文化建设是乡村振兴的灵魂［J］. 河南农业，2021（03）.

民的视野。构建乡村文化公共服务体系，发展文化信息资源共享工程农村基层服务点，创新乡村文化生活的载体与手段、创新乡村文化的宣传内容与形式，积极开展多种形式的群众喜闻乐见、寓教于乐的文化活动，保证农民的学习内容与时俱进。大力开展针对农民的专业技能培训，提高农民务农技能，促进科学种田。依托现代科技手段，加强对农产品的新型销售模式培训，进而提高农民线上线下新型经营技能，整合农村各种教育资源，发展农村职业教育和成人教育，增强农民转产转岗就业的能力。积极培育优秀乡风家风民风，营造良好的乡村文明氛围。积极引导乡村群众遵守社会公德，开展职业道德教育，树立先进的思想观念和良好的道德风尚，努力提高农民的整体素质，促进农民自身的全面发展，在农村形成文明向上的社会风貌。

第三节　新时代乡村文化建设导向

党的十九大做出了实施乡村振兴战略部署，明确了"产业兴旺、生态宜居、乡风文明、治理有效、生活富裕"的总要求。[1]乡村振兴是一项长期系统工程，目标是实现产业、人才、文化、生态、组织五大领域的全面振兴，这其中的乡村文化振兴不仅是乡村振兴的任务和价值追求，更是实施乡村振兴战略的路径和抓手，为推进乡村组织振兴、生态振兴、产业振兴、人才振兴提供重要支撑。[2]新时代乡村文化建设要以文化政策理论为引导，多方合力构建城乡文化建设体系，共同推动乡村文化建设多维度发展。

---

① 习近平. 决胜全面建成小康社会 夺取新时代中国特色社会主义伟大胜利：在中国共产党第十九次全国代表大会上的报告 [N]. 人民日报. 2017-10-28.

② 刘丽娜. 推动乡村文化振兴的对策建议 [J]. 奋斗. 2021 (05).

一、加强文化政策理论指引，推动乡村文化有序发展

在新时代下，我们要大力推动乡村文化振兴，将乡村文化振兴作为乡村振兴战略的重要实施内容，从而不断提高我国乡村社会文明建设的程度。因此，推进乡村文化建设，加强文化政策理论指引，推动乡村文化朝着有序的方向发展，帮助农民切实体会政策精髓就显得尤为重要。

首先，要深化精神文明建设，就要加强乡村文化建设的创新治理机制。这是因为创新乡村文化建设治理机制在加强乡村文化建设中起着基础性作用，能够激发乡村文化的创造活力，为乡村文化育人提供动力。目前，我国乡村文化治理存在着从上到下派发文化资源的行政发包机制、乡镇政府与社会组织合作的乡村文化治理分类控制机制、文化和旅游部以具体项目将文化资源下沉到乡镇的项目机制这三种机制。但是由于种种原因，基层政府在现实操作中难以有效地运用和协调三种治理形式，这就需要创新乡村文化治理机制，激发活力。一方面是要积极构建以基层党组织为引领的乡村文化治理体系。村文化治理是一个系统工程，需要乡镇政府、村民、村民组织、社会组织四位一体，凝聚多方力量，汇聚治理智慧，坚持围绕一个核心、多元主体协同治理原则，确保乡村文化治理的正确方向满足农民的文化需求。另一方面是要构建乡村文化不同个体的权责清单，用严明的制度形式来规划各个治理主体的权责边界和彼此之间的权责关系，以此来推动各个主体之间的协作治理，最终形成治理合力。三是要建立系统而有效的乡村文化治理激励机制。注重用精神激励为主、物质激励为辅、奖优罚劣的原则。激励干部恪尽职守，党员务实尽责，群众遵规守则，形成良好的乡村文化治理局面。①

其次，要发挥农民主体作用，提升农民文明素养，激发内生活力，加

强理想道德教育，提高农民的理想信念、道德水平和文化素养，通过广泛开展形象化、具体化、生活化的宣传教育，推动社会主义核心价值观，内化于心外化于行，从而推动农村精神文明建设走向自觉。在深化拓展精神文明创建活动中，坚持农民主体地位，让农民积极参与到村民自治、民主管理、民主评议和民主决策中，以保障农民的知情权、参与权及决策权和监督权。要着眼农村宜居宜业，建设美丽乡村，常态化开展村庄清洁保洁，持续推进农村改厕、污水垃圾治理和农业废弃物综合利用，全面改善农村的生产生活条件和生态环境水平。加强文明乡村创建工作，组织开展文化、科技、卫生三下乡等活动，倡导科学健康、积极向上的生活方式，引导群众摒弃落后习俗，深化移风易俗，倡树文明乡村新风。积极开展形式多样、内容丰富的文化宣传活动，让先进文明理念融入农民血液中。实施农村陋习整治工程，通过有效的政策引导、宣传教育、村规民约等措施倡树文明新风。实施典型示范引领工程，发挥基层党员干部、先进典型、模范人物的榜样示范作用，开展互助和爱心公益活动，让农村群众在参与中改变自己的观念，在实践中巩固新的文明意识，提高自己的认识水平，引领移风易俗走向深入。①大力开展普法教育工程，增强农民的法制观念，整治封建迷信等突出问题。深入挖掘中华优秀传统文化，发挥优秀传统文化的传承和浸润作用，丰富农村地区公共文化产品和服务供给，用好农村文化服务品牌，提高农村文化供给质量，多采取农村群众喜闻乐见并具地方特色的形式，培育熏染农村群众的道德情操。同时结合农村的实际情况，持续推动中国特色社会主义文化融入到农村社会的思想道德教育、文化知识教育和社会生活实践的方方面面，涵养文明乡风。

再次，发展乡村文化事业，推动乡村文化振兴。发展乡村文化事业，需要聚焦短板、精准施策，充分发挥文化引领风尚、教育农民、服务社

---

① 官长春，李想，罗金华. 全域乡村旅游目的地以"合作社+"为载体的数字治理新模式研究［J］. 山东农业工程学院学报，2021（07）.

会、推动发展的作用。四川省实施的"菜单化"供给值得借鉴，健全乡村公共文化服务需求反馈机制和城乡文化结对共建机制，加大政府向社会力量购买公共文化服务力度，强化基层文化阵地建设、管理和运用，提升公共文化服务效能。[1]实施特色化精品化建设工程，把具有地方特色的文化元素融入到文化精品项目之中，力图把美丽乡村打造成既有地域和民族特色，又蕴含文化内涵和历史记忆的地方。发展乡村文化事业，运用先进数字手段，为乡村文化发展提供更加丰富多彩的文化产品，发掘数字化所蕴含的巨大潜能，加强文化政策理论指引。"加强数字技术基础设施建设和县级融媒体中心建设，提高数字平台的普及率和适用性。扩大乡村数字文化产品的有效供给，大力开发能够反映农村生产生活、深受村民欢迎的数字文化产品和服务，不断提高乡村数字文化产品质量。促进优秀乡村文化资源数字化转化和开发，传承和利用好乡村文化遗产，推动优秀农耕文化创造性转化和创新性发展，增加农村居民的文化认同感和自豪感。"[2]

最后，充实壮大乡村文化人才队伍。人才是乡村文化发展的关键资源，乡村文化振兴，需要切实实施乡村文化人才培养工程，建立健全乡村人才发展体制机制，从而优化人才发展的环境。采取措施鼓励和支持社会各方面提供教育培训、技术支持和创业创新指导等服务，培养本土人才。通过引导城市人才下乡，不断为乡村文化振兴注入活力，推动专业人才服务乡村，打造一支懂乡村爱农民的乡村文化人才队伍。充分发挥乡村文化人才在乡村文化发展中的作用，使乡村文化建设者和服务者能够大展才华、大施所能。

加强文化政策理论指引，推动乡村文化建设有序发展，就要把党中央的决策部署真正落实到位。积极建立乡村公共服务体系，健全乡村文化帮扶机制，加强配套基础设施和公共服务，对于不符合地方文化发展现状的

---

① 于丽. 大力推动乡村文化振兴［N］. 四平日报，2020-11-06.
② 马梅. 提高乡村社会文明程度 大力推动乡村文化振兴［J］. 理论导报，2022（03）.

乡村文化基础设施和相关举措要适时进行调整，形成常态化监测机制，以便能够做到尽早发现、尽早干预、尽早帮扶。精准帮扶乡村文化，弥补技术、设施和营销等短板，促进文化产业升级，多渠道促进乡村居民就业，逐步实现共同致富。大力发展农民的培育机制，提高农民素质，促进他们的全面发展。同时，还要运用信息网络技术，实现线上和传统线下相结合的宣传方式拓宽渠道，使农民能够及时准确地了解国家的农业相关政策。对于农民真切关注的关乎生产生活方面的实际问题，力图实现政策精准供给和讲解，并且加大培育政策的宣传力度，从而促进更多更好的政策投入被农民所感知、认可。同时还要重视了解农民群众需求的差异化，提供内容更为多元、层次更为丰富的系列培育政策及政策讲解形式，引发示范效果。强化农民对国家政策的感知力，指引农民利用好国家政策机遇，深入发掘乡村文化建设中的乡村价值，为乡村文化发展激活内生动力，继而推动乡村文化建设向着健康有序的方向发展。

二、重塑乡土文化价值认同，推动乡村文化内涵式发展

中国是东方农业文明国度，历史上中国传统文化中的农耕文化在整个中国文化史上占据了主要的地位，而乡土文化就是在中华农耕文明孕育滋长下形成的。广大农村正是滋生培育悠远温润乡土文化的根源和基石。但是长期以来，我国城市经济迅速发展的步伐导致了乡村经济在改革的浪潮中发展滞后，原有优秀的乡土文化并没有跟上经济发展步伐，及时扬弃予以发展，以致现在的人们对中国优秀乡土文化知之甚少、了解有限。乡土文化无论是物质的、非物质的，都是不可替代的无价之宝，不仅保留着历史的宝贵记忆，还在现实社会中不断地吐故纳新。推动乡村文化振兴，需要重塑优秀乡土文化价值认同，将乡村发展理想进行重构，以此发动振兴乡村精神的引擎，推动乡村文化内涵式发展。以农民这一乡村振兴主体的理想信念来激发乡村振兴的内生动力。文化既是乡村得以延续的根基灵

魂，也是实现乡村振兴的精神之源。①新时代，乡村文化发展建设要有新气象、新蓝图和新作为。乡村文化振兴，最要紧的是发现维系原有乡村的生活方式、情感方式、文化心理、价值观与世界观，使之与现代价值相嫁接、相适应、相融合，以乡村为载体、以农民为根本，以尊重理解乡村农民为前提，激发农民的自尊和自信，促进乡村发展理想的重构，从而重塑对乡村文化价值的认同。②

乡土文化反映了在乡土空间中经过千百年形成的人们的审美情趣、价值观念、精神信仰，根植于乡土的孝亲、仁爱、民本、和合及天人合一等精神观念，是中华民族最基本的文化基因构成，是乡村中的人们所遵循的处世哲学与行为准则。深入挖掘、继承、创新优秀传统乡土文化不仅能提升人们文化上的满足感，提升人们的精气神，更能为乡村振兴提供源源不断的精神滋养和文化力量。③重塑乡土文化价值认同，就要引导新时代农民传承优秀乡土文化。乡土文化在数千年的繁衍生息中锻造的重视农事、以家为本等道德诉求和观念，造就和培养了人们诚实守信、勤劳奋进、孝亲和善、敬老护幼、邻里守望、团结互助、患难与共等人文品质和行为准则。这些都自然而然地整合于乡土习俗、乡规民约之中，又散落于居民的生活样貌、村落民居之中，潜移默化地影响着一代代人。将乡土文化用通俗易懂且极富创造性的形式进行创新性发展，重塑乡土文化价值认同，不光要适当补充、拓展、完善乡土文化，赋予乡土文化与时俱进的时代内涵，增强其现代化影响力和感召力，使其彰显出深厚丰富、意蕴无穷的文化魅力，还要促进农民对于乡土文化价值的根本认同和文化自信，发挥出凝聚人心、教化群众的现实功能，激发新时代乡村振兴的内生动力。将乡土文化素养的培育与农村生产生活规律形成内在关联，其核心要义在于农

---

① 门献敏. 关于推进乡村文化振兴的若干关系研究［J］. 理论探讨，2020（02）.

② 王慧姝，张洪玮. 以乡村文化振兴乡村内生动力［J］. 中国社会科学，2020（01）.

③ 魏鹏. 让乡土文化育新风润生活［N］. 光明日报，2021-11-29.

民聚集的生活和生产协作的"乡"和"土"。强化各类民间文化组织,支持乡村文艺社团的发展。[①]例如,由于各地独特的人文地理结构差异,就会塑造出不同的文化认知心理,以及不同的文化表现形式。像东北地区的乡村群众,他们在长期的社会实践中,根据不同的农时节律,生长出丰富且各不相同的文化仪式,这些文化仪式逐步定型为各类文化庆祝活动。这其中独具特色的东北二人转就是这样出现的,无论你身在何方,只要一听到那熟悉的旋律,就能牵动着东北儿女的心。山东省泰安市宁阳木偶戏,作为宁阳最具代表性的地方传统文化之一,距今已有130多年历史,有"江北第一木偶"称号,是全国稀有剧种之一,也是山东省首批非物质文化遗产名录入选项目。接地气、有绝活一直是地方戏曲的安身立命之本,这使其能够守着一方水土,自吟自唱度过几百年[②],跨越年龄的界限,超越时间的变迁,在今时今日仍受到人们的喜欢。对当地人而言,在地方戏剧里讲述的那些故事,是人们对家乡的热爱和认同,那些文化和历史深深扎根于人们的心中,这也是一种传承。

重塑乡土文化价值认同,振兴乡村文化,要立足现今乡村发展的实际情况,结合新时代乡村振兴条件,解放思想、积极探索、重在实践,推动顶层设计和基层探索良性互动。不但要使乡村居民认同本地文化,在乡村文化建设中,还要大力发展乡村文旅产业,适时将乡土文化价值内涵有效地融入到乡村文旅产业的发展理念之中,使其得到广泛的价值认同。当人们参与乡村文旅活动时,不仅可以缓解都市压力,还可以亲近淳朴自然,抚慰心灵,领略乡土人情。充分尊重农民的主体地位,调动农民积极性,以凝练农民乡土情结鼓舞回报乡村热情,以乡土文化温润乡村精神,提升农民文化的参与感、获得感、幸福感,发挥党组织的主导作用,营造全社

---

① 毛伟、朱祥磊. 新时代乡村公共文化服务供给体系的优化策略 [J]. 云南行政学院学报,2020(02).

② 苏锐. 山东宁阳:乡土艺术迎来时尚设计 [N]. 中国文化报,2021-08-16.

会关心支持和积极参与的浓厚氛围，以农民的乡情自觉来激发新时代乡村振兴的内生动力。要将提供充足安全的农产品，提供清洁的空气、恬静的田园风光等生态产品，提供乡土文化、乡村认同等精神产品，共同作为乡村发展理想的文化指向。①形成乡土文化的向心力和感召力，融合现代元素引导文化因子融入人们的生活之中，激发新时代乡村振兴的内生动力。

三、完善乡村文化产业链条，推动乡村文化创新发展

民族要复兴，乡村必振兴。习近平总书记明确指出，产业振兴是乡村振兴的重中之重。乡村文化振兴完善乡村文化产业链条，在巩固乡村拓展脱贫攻坚成果时，与乡村振兴有效衔接起来，能够发挥积极的作用。深入挖掘乡村自身特质，提取凝结出独具特色的乡村文化品牌，充分发挥农民的主体作用，多方参与，以此来推动乡村文化振兴创新性发展。推进乡村文化振兴，要以社会主义核心价值观为引领，统筹优秀传统乡土文化保护传承和创新发展，充分发挥文化赋能作用②，坚持以农民为主体，依托于农民由衷的发展理想以及其自觉为乡村振兴付出坚韧不拔的实践努力，依托于乡村别具一格的原真文化特质、各具风姿的独特文化创意、乡村文化产业的勃勃生机以及彰显其乡土本色的品牌形象塑造。③强化政府引导、扶持和服务职能，科学规划、因地制宜、可持续发展，推动乡村产业创新发展。

《中共中央 国务院关于做好2022年全面推进乡村振兴重点工作的意见》明确提出启动实施文化产业赋能乡村振兴计划的部署。文化和旅游部、教育部、自然资源部、农业农村部、国家乡村振兴局、国家开发银行六部

---

① 王慧姝、张洪玮. 以乡村文化振兴激发乡村内生动力［J］. 中国社会科学，2020（01）.

② 皮磊. 鼓励行业协会及公益力量积极参与文化产业赋能乡村振兴［N］. 公益时报，2022-04-12.

③ 王慧姝、张洪玮. 以乡村文化振兴激发乡村内生动力［J］. 中国社会科学，2020（01）.

门联合发布《关于推动文化产业赋能乡村振兴的意见》，明确了文化产业赋能乡村振兴的总体要求和发展目标，提出了文化产业赋能乡村振兴的创意设计、演出产业、音乐产业、美术产业、手工艺、数字文化、其他文化产业、文旅融合八大领域，明晰了培育壮大市场主体、建立凝聚各方人才的有效机制、加强项目建设和金融支持、统筹规划发展和资源保护利用的四项政策措施，为文化产业赋能乡村振兴提供有力的政策保障。[①]要求到2025年基本建立文化产业赋能乡村振兴的有效机制，充分发挥文化产业多重功能价值和综合带动作用，从而促进农业全面升级、农业全面进步、农民全面发展和加快推进农村现代化。做好乡村文化振兴这篇大文章，要深刻认识当前乡村文化现状，了解我国乡村文化的特征，有针对性地发展乡村文化产业。如现今我国乡村的脱贫攻坚工作基本完成，但是脱贫基础仍然比较脆弱，为防止返贫，巩固拓展脱贫攻坚成果，需要产业可持续发展，大力推进乡村产业发展，为脱贫地区的农民创造更多的就业机会，提高收入保障。因地制宜多元化培育，发展乡村文化产业，让脱贫群众更多地分享产业增值收益，有利于推动拓展脱贫攻坚成果，同乡村振兴有效衔接，让脱贫基础更加稳固、成果更可持续，夯实区域平衡发展的基础。又如我国幅员辽阔，地形地貌复杂，而且气候、物种、资源都具有非常鲜明的多样性特点，这就需要基于不同资源衍生出差异化的区域发展模式。有的区域主要集中于农产品产出，有的区域则要注重生态环境保护，有的产业需要规模化生产，有的产业则更强调集约化经营。区域、产业、业态等的不同，凸显了乡村产业的多元化。以促进产业发展、保障农产品供给、实现农民充分就业、增加农民收入、传承文明、维护乡村生态环境价值取向，拓展农业多种功能，挖掘乡村多元价值，构成了具有中国特色的乡村产业的深刻内涵，也是发展乡村产业的基本着力点和方向。[②]

---

① http://www.gov.cn/zhengce/2022-02/22/content_5675035.htm.

② 张红宇. 以更有利举措加快发展乡村产业［N］. 经济日报，2022-06-17.

　　当前，乡村文化产业存在起步晚、规模小和同质化的问题。因此，要因势利导，结合乡村特色，挖掘乡土文化的特质，淬炼出独特的乡村文化品牌，就要充分运用创新思维来探索乡村文化产业运营的新思路以及乡村发展振兴的新路径，以实现乡土文化的可持续发展。还要将文化创意作为乡村文化振兴的重要动能，培育文化内涵，与乡村三产融合发展，从而提升乡村产业的文化附加值，形成地方特色鲜明的文化业态，促进乡村文化产业的繁荣兴盛。近年来，我国城市居民生活节奏加快，人们的工作压力增大，人们越来越向往恬静、淳朴的乡村生活，大众文旅的需求自然而然地催生了休闲时尚的新型文旅产业。比如绿色食品采摘、乡村旅游、农耕文化和民族医药体验、研学、乡村康养等。依托城乡居民康养、休闲、体验的需要，形成一批集生产、加工、体验、研学、保健为一体的文旅、康养项目和产品，丰富和拓展了乡村文旅产业的发展。充分挖掘地方特色和民族特色文化资源，开发培育具有地方民族特色的节庆会展业和乡村特色手工业。我国乡村具有丰富的传统文化生活，包括节令、农事、婚庆、民俗文化等，还有各种传统节庆、赛事和农事活动，这些都往往伴随着具有浓郁的地方特色产品、生产生活用品、文化艺术和餐饮文化的出现。当然，由于种种原因，有些地方的文化资源面临已经消失或者正在消逝的情况存在，这就需要通过积极寻找、保护，深入挖掘宝贵的乡村优秀文化资源。充分利用乡村优秀的文化资源，发展特色乡村休闲农业和旅游业。要在传统手工技艺产品生产的基础上，加入当代生活时尚审美元素，结合现代生产体系，积极创新传统的工艺模式，提升效率性和创新性，培育和壮大乡村特色手工业，实现乡村手工艺特色化、品牌化、现代化发展。依托优秀文化资源，发展乡村文化品牌建设，丰富和拓展乡村文化产业业态和发展空间。树立产业理念，形成产业规模，壮大乡村文化产业。发展乡村文化产业有效地促进乡村文化与当地经济融合发展，助推乡村振兴战略，必须实现社会效益与经济效益相统一，坚持把社会效益放在首位，坚持多方面联动，建立文化产业发展联动机制，借助文化产业发展政策，引导和撬动更多的社会资本投向乡村文化建设，形成发展合力。坚持多领域融合发展，丰富文化产业业态[1]，创新文化发展模式，拓展线下线上营销渠道，依托网络资源建立文化创意产品网络交易平台，从而提升具有独特韵味的乡村文化创意产品的市场竞争力。真正意义上形成生产、生活、生态和文化的良性互动，实现农业、农村、农民的融合协调发展，恢复乡村自主造血的能力与动力，激发新时代推动乡村文化创新发展的内生动力。[2]

四、发掘文化建设多元主体，推动乡村文化协同性发展

正因为乡村文化建设的主体是人，我们要充分发挥主体的强大力量，深入发掘乡村文化建设的多元主体，进而推动乡村文化协同发展。

新时代，乡村文化要振兴，就要建设多元化文化服务专业队伍，端正用人导向，建立有效的保障机制，让越来越多的文化人才向乡村地区流动。通过壮大发展乡村公共文化服务队伍的基础数量和质量来确保乡村公共文化服务体系健康地运转。首先，构建乡村公共文化服务多元化主体队伍，就是要将政府、社会、个人以及市场等多方面力量相结合。根据国家政府相关政策支持和引领，吸引有才能的人才深入到乡村，激发进城农民荣归故里的热情，引导大学生村官扎根乡村，特别重视吸引乡贤名士，凝练他们的乡土情结，鼓舞其回报桑梓热忱，建立乡村与乡贤日常联络互动机制，重视乡贤这一乡土文化精英，调动全社会参与乡村公共文化建设和服务的积极性。其次，传扬优秀传统乡土文化，尤其是其中被人们世代遵循的道德准则和家风祖训，挖掘乡村传统乡规民约及行为规范，以激活乡村自有文化内涵，鼓励农民参与到乡村文化生活中来，使乡土文化形成凝聚力、向心力和约束力。激发出新时代乡村文化振兴的内在循环动力，进

---

① 于丽. 大力推动乡村文化振兴 [N]. 四平日报, 2020-11-06.

② 王慧姝，张洪玮. 以乡村文化振兴激发乡村内生动力 [J]. 中国社会科学, 2020 (01).

而推动乡村文化发展。近年来，各地会根据地方特色通过承办文化节等形式来丰富农民的精神文化生活，像组建安塞腰鼓队、四川特色舞龙舞狮队、蒙古族风情安代舞队等等，这些都在无形中起到鼓舞饮水思源、反哺故土的作用。最后，除了要注重从外部人才引进，还要注重发掘农民群众中的文化人才，扶持乡村文化的带头人、优秀乡村传统文化的继承人，鼓励农民积极自发地进行文化创作和探索①，确保优秀传统文化后继有人。也要注重从当地择优选拔村民进行培训，侧重考核政治素质好、能力强水平高的村民，构建多层次的文化人才教育培训基地，培育出热爱乡村、热爱农民并能长期扎根农村的文化人才。对他们进行鼓励和帮扶，以提升乡村文化人才的综合素养。努力汇聚各方社会力量，群策群力，支持乡村文化从业者开展各类文化活动，为他们提供场地、资金支持等。探索村企合作共建，吸引优秀文化人才到乡村发展文化事业、带动文化产业、参与文化志愿活动，推动形成文化设施共建、文化活动联办、文化生活共享的局面②，支持有想法的、有创意的文创产业人才落户乡村。

五、构筑城乡文化共建体系，推动乡村文化融合式发展

随着城乡融合不断深入，要秉持着以城带乡、城乡互动的原则，构筑城乡文化共建体系，优化服务供给、强化队伍建设，统筹城乡公共文化设施的布局，推动文化技术、文化产品和专业人才等文化资源向乡村倾斜，提高文化服务的覆盖面和适用性，促进城乡文化无障碍衔接与融合发展。③

构筑城乡文化共建体系，提升农村经济发展水平，要积极利用城市科技、信息、资金、人才等资源优势反哺农村，共享文化建设成果，以激发农村发展的活力。创建城乡公共文化示范区，用以提高乡村公共文化服务

---

① 齐新. 新时代乡村文化建设研究［D］. 哈尔滨：东北农业大学，2020.
② 于丽. 大力推动乡村文化振兴［N］. 四平日报，2020-11-06.
③ 鲁小亚，刘伟. 繁荣乡村文化　推进乡村振兴［N］. 光明日报，2020-04-24.

效能，促使优质文化资源向乡村倾斜和延伸。同时，大力培育新型文化业态，充分发挥村规民约作用，为农民群众提供丰富多样的文化服务。①树立农村文明新风，吸收城市文明及外来文化的优秀成果，推动乡村优秀传统文化的创新性发展，以城乡文化融合式发展引领乡村文化振兴。近几年，一些地方充分弘扬中华优秀传统文化中的孝文化思想，其发展思路和经验模式都具有可借鉴性，对于当前城市优化建设和乡村治理都具有重要的意义。如地处孟子故里的山东省围绕弘扬和传承优秀传统文化，挖掘家风家训等历史文化资源，将传统的孝道文化融入到现代乡村治理之中，让优秀传统文化转化为当代乡村群众创业干事的精气神。湖北孝感市则以中华孝文化名城作为城市发展战略目标，走出了一条契合现代城市发展带动乡村建设发展的文化内涵式发展道路。②运用城市固有的深厚孝文化历史底蕴，从城市名称开始挖掘相关特色文化符号，弘扬当代孝文化，倡导孝道民风。把孝道建设作为当地社会治理和城市建设的重要资源。孝感市的孝道建设也为其他地区城乡文化发展提供思路，在发展城市进程中，积极将中华优秀传统文化中的孝道文化融入其中，既是对优秀传统文化的传承也是发展，有利于城乡统筹协调发展，在潜移默化中涵养城市文化气质和精神氛围。

构筑城乡文化共建体系，让城乡居民享有平等的发展机会、教育培训、文化服务等，使得城乡居民能够平等参与改革发展进程，不断增强广大城乡居民的获得感和幸福感。构建城乡文化互哺机制，实现城乡文化融合发展。强化城市与乡村间的文化优势互补③，构建城乡文化资源交流互动平台，打破城乡文化交流壁垒，使优秀文化资源能够自由地在城乡之间流动，也体现出了社会的公平性与文化资源配置的优化性。让更多的优秀文

---

① 肖良武. 持续增强城乡发展协调性 ［N］. 贵州日报，2019-12-18.

② 葛晨虹. 以孝文化建设推动城乡发展 ［N］. 孝感日报，2018-09-15.

③ 肖良武. 持续增强城乡发展协调性 ［N］. 贵州日报，2019-12-18.

化资源涌向乡村，服务广大农民，也让乡村优秀的文化走向城市，展示乡村文化的独特魅力。逐步实现乡村5G网络覆盖建设，充分利用互联网媒体等平台，扩展城乡文化交流学习新途径。如湖州华数广电网络有限公司倾力承建的湖州市南浔区"浔礼e家"文化信息平台，着重从丰富的线上文化资源、专业的农业网络课堂以及全方位的非遗技艺记录三个视角，并整合各类优质资源下沉一线乡村，构建公共服务一站式平台，为百姓提供数字文化大餐。同时，也要注重线下的公益型书院下乡，以城市反哺乡村，建构以乡村建设、文化振兴为内涵的乡村文化内生机制。

构筑城乡文化共建体系，共享人力资源开发成果。注重开发乡村人才资源，不断强化"引进+培养+带动"的人才培育机制，构建城乡人才交流机制，促进城乡文化人才共享，打破城乡之间人才流动的机制障碍，吸引更多优秀的人才投身到乡村建设的事业当中来，用人才支撑为乡村振兴赋能添彩。一要畅通城市专业人才、科技、管理、营销模式下乡通道，创新乡村人才引进与使用机制[1]，多举措应用引才、育才、留才，多方保障留住人才，提高乡村文化人才的工作福利待遇，建立乡村文创人才基地，吸引更多优秀的人才投入到乡村文化振兴之中，充实乡村文化人才队伍。二是鼓励农民工、大学生返乡创业，加强培育农村专业技能人才与管理人才，开展有针对性的职业技能培训，构建一支有热情、懂农业、爱农村的工作队伍，推动生物种业、智慧农业、重型农机等领域自主创新，提升农村发展内生动力。[2]三是培养文化能人、民族民间文化传承人和各类文化活动骨干，推动乡村刺绣、雕刻、绘画、民乐、戏剧等民间艺人技艺的传承，建立健全人才发展体制机制，优化人才发展环境。

构筑城乡文化共建体系，要继续健全乡村公共文化服务需求反馈机制和城乡文化结对共建机制，强化基层文化阵地建设、管理和运用，提升公

---

① 肖良武.城乡融合发展要着眼短板重点发力［N］.经济日报，2019-11-26.
② 肖良武.持续增强城乡发展协调性［N］.贵州日报，2019-12-18.

共文化服务效能，更好地推动城乡文化融合式发展。另外，推动城乡协调发展，共享人力资源开发成果，借鉴城市优秀经验，统筹兼顾合理规划，发展乡村生态循环农业，建立城乡联动机制，推动城乡生态融合互补，提高生态文明的建设水平。

新时代，大力推进文化建设并使其发挥好在实施乡村振兴战略中的作用，就要以马克思主义文化观为引导，认真学习贯彻党的十九大关于实施乡村振兴战略的重要部署，充分认识乡村文化建设在乡村振兴中的引领和带动作用，与时俱进、开拓创新，立足于民族、立足于本土、立足于传统，面向现代化、面向世界、面向未来，致力于发展和繁荣新时期乡村文化事业，推动我国乡村文化的繁荣发展，为全面实现乡村振兴提供强大的内生动力。

第六章
当代中国社会文化多元化的思考

第一节　新时代加强文化多元化建设的重要性

现阶段的中国文化是中国特色社会主义文化，其目标已确立，我们要用全球意识来考虑中国当今的文化建设。从某种程度上讲，它的文化成果也是全球文化的一部分，其"民族的科学的大众的社会主义文化"的基本要求，其"面向现代化，面向世界，面向未来"的发展战略，则带有文化上的共性，其普遍性的内容完全可以为别国文化所吸纳，转换为全球共享的文化成果。中国文化与全球文化是同步的，它决不会被全球文化排斥于外，也决不会拒绝全球文化的融合。新时代的文化多元化建设，一方面必须面对变化了的世界，跟世界一起发展，为人类文化创造一些带有普遍意义的东西，揭示出文化发展的一般规律，确保我们国家的文化大国地位，另一方面也要注意在新时代发展进程中树立一个正确的指向标、凝聚人心的内核。就当今的国际形势而言，当今世界正经历百年未有之大变局，局部冲突乃至战争连绵不断。以美国为代表的西方资本主义国家从各方面对我国进行打压，大肆宣扬"中国威胁论"，极力抵制中国文化。因此，文化建设已成为当前的重要任务。

一、有助于树立社会主义核心价值观

习近平指出，我们倡导的富强、民主、文明、和谐，自由、平等、公正、法治，爱国、敬业、诚信、友善的社会主义核心价值观，"传承着中国优秀传统文化的基因，寄托着近代以来中国人民上下求索、历经千辛万苦确立的理想和信念，也承载着我们每个人的美好愿景"①。习近平同时指出："一种价值观要真正发挥作用，必须融入社会生活，让人们在实践中感知它、领悟它。"②

社会主义核心价值观凝结着全中国人民的价值追求，在文化多元化的背景下，新时代的文化建设凸显了社会主义核心价值观的凝聚作用，随着中国特色社会主义进入新时代，文化多元化建设对于在新时代树立社会主义核心价值观有着重要的意义。一方面，文化多元化的表现有很多，比如主流文化与非主流文化，精英文化与大众文化，传统文化与现代文化、后现代文化等，这就形成了一个多元文化的共存局面。新时代我国的主流文化是指以社会主义核心价值观为本质内容的、汲取了中国优秀传统文化精华、吸收西方文化中的科学合理成分的社会主义先进文化，是马克思主义所引领的、兼容并包的、中国特色的社会主义文化。

文化多元化的背景使得人们的价值观选择更加广泛，马克思主义认为人的社会属性是人的根本属性，人的社会性决定了人应该具有丰富的精神内涵，有自己的价值追求，这也正是人区别于动物的地方。进入新时代的中国，必须在尊重文化多元化的前提下具有能够整合不同文化的能力，这样才能更好地推动社会的发展。因此，新时代我国的文化多元化建设离不开一个能把多样的文化现象凝聚成和谐、健康的文化整体的指导思想。同时，在多元文化的冲击下，人们的价值观念容易受到一定的社会环境的影

---

① 习近平. 习近平谈治国理政［M］. 北京：外文出版社，2014：169.
② 习近平. 习近平谈治国理政［M］. 北京：外文出版社，2014：165.

响，尤其是在新媒体广泛应用又疏于管理的情况下，文化"泛娱乐化"现象在一定程度上消解了人们对社会主义核心价值观的认同，在这种情况下，文化多元化的建设显得尤为重要。所以，在文化多元化的建设中，既要注意结合社会主义核心价值观提炼出来的适合新时代的内容，有针对性地开展教育，又需要借助新媒体等灵活多样的载体形式，有效地进行引导，同时也要加强对新媒体平台的监管。

新时代的文化多元化建设，需要我们在文化建设中进行充分地自我反思和自我创新，更好地寻求中华文化的自我张力。建设有中国特色的和谐的文化，以社会主义核心价值观引领中国大众文化的选择，加强社会主流文化的凝聚力。

二、有助于增强民族文化认同感

"认同"一词最早是由弗洛伊德提出的，他认为："认同是人与他人、群体或模仿人物在感情上、心理上趋同的过程。"[1]也有学者认为，认同是由社会学发展起来的一个重要概念，它有个体和社会两个不同层面的含义。"在个体层面上，认同是指个人对自我的社会角度或身份的理性确认，它是个人社会行为的持久动力。""在社会层面上，认同则是指社会共同体成员对一定信仰和情感的共有和分享，它是维系社会共同体的内在凝聚力。"[2]有的学者则从社会心理学角度认为，认同是个体态度改变的重要环节，是介于简单服从与深入内化之间的中间阶段，认同既可以是个体意识到的，也可以是个体未曾意识到但却明显发生的。认同总是对于价值的认同，很多时候个体虽未明显意识到，但却深深地影响个体的价值偏好行为，影响个体人生观、价值观、世界观的形成。[3]笔者更加倾向于从心理学

---

① 车文博. 弗洛伊德主义原著选辑 [M]. 沈阳：辽宁人民出版社，1988：375.

② 汪信砚. 全球化中的价值认同与价值观冲突 [J]. 哲学研究，2002（11）.

③ 李庆华，奚彦辉. 试论"认同"在大学生思想形成中的作用 [J]. 思想政治教育研究，2009（05）.

的角度来阐释认同，因为对于受教育者来说，认同毕竟是一个心理接受过程，尤其是在探讨民族文化认同问题时，我们更应尊重人的品格形成规律。

放眼望去，西方资本主义文化正通过网络、餐饮、节日、文艺作品等方式和途径冲击着我国的文化市场，以美国为首的西方国家，打着"民主"与"自由"的旗号正在不动声色地对发展中国家进行文化渗透，他们的文化渗透既是无孔不入的，又是全方位多层次的。所以，多元文化建设既是为了抵抗西方文化的入侵，更是为了保护世界文化的多样性，有助于增强本民族文化的认同感。在我国有孔子、老子等很多伟大的思想家，他们的优秀思想在全世界彰显了中华文化的独特的魅力，他们的优秀理念成为新时代具有启迪作用的思想，新时代的文化多元化建设，必将会使中华文化重新焕发出新的活力，以更崭新的姿态呈现在人们面前。如社会主义核心价值观对个人层面的要求就汲取了儒家提出的仁、义、礼、智、信的理念，在生态治理中，强调人与自然和谐统一，蕴含着古人的天人合一的思想，所以说传统文化中蕴含着丰富的思想，对于新时代的发展具有重要的借鉴意义。

当然，人们认同、接受某种文化理念是一个复杂的思想矛盾运动过程，包括了主体对外界刺激信息进行反应、选择、整合、内化等一系列环节，是主体能动性、受动性辩证统一的过程。这种能动性和受动性的统一，决定了人们认同接受某种文化理念通常有两种基本情况。一是在某种外在因素作用下出现的认同，如以一定社会心理环境为背景的从众心理支配下的从众认同；或者由于法定的和传统的权威以及其他强制性命令压力下的强制认同。二是与接受者的接受图式、追求目标相一致的自觉认同，人们对于民族文化的认同的形成，不是靠简单的伦理说教和被动接受就能奏效的。基于此，注重文化多元化建设，增强民族文化认同，探寻符合心理认同规律的文化多元化建设路径已经成为新时代文化强国的主要任务。文化的多元化建设中要注重以民族文化的魅力感染人，以事实说服人，让人们享受到民族文化中的精华和民族文化认同中的愉悦。只有这样，才能收到启迪觉悟、升华思想的效力。

三、有助于推动中华民族伟大复兴

"文化是民族的血脉，是人民的精神家园。"文化在凝聚人心、整合民族力量方面起着主要的作用。文化兴则国家兴，文化强则国家强。在中华民族伟大复兴的征途中，文化是基石、是纽带、是立国之本。文化的繁荣兴盛对于民族的振兴具有重要的意义，特别是在当今世界局部矛盾冲突不断，世界格局重组的大争之世，一方面"历史发展表明任何民族的现代化不仅要有坚实的物质基础，而且要有深厚的精神底蕴。正是物质与精神之合力推动了历史的发展"[①]，另一方面要以辩证的眼光来看待文化多元化建设，要注重同中有异、异中求同、求同存异，最终达到一种和谐的状态，夯实中华民族伟大复兴的文化基础。

文化建设是中华民族伟大复兴总体布局的重要组成部分，文化作为上层建筑的重要组成部分，具有意识形态特色，文化建设与其他建设相辅相成，相互支撑，互为条件。文化建设为经济建设提供了精神动力。在政治层面上，文化还可以推动我们国家的政治建设，有利于营造政治建设的文化氛围。总体来说，文化对社会发展的重要作用主要表现在：第一，文化为社会发展提供思想保证。文化是中国人民胜利前行的强大精神力量。第二，文化为社会发展提供精神动力。中国特色社会主义文化是凝聚和激励全国各族人民的重要力量。第三，文化为社会发展提供智力支持。文化体现着人类认识世界的成果，并对人们改造世界的活动具有智力支持作用。第四，文化为社会发展提供凝聚力量。文化通过它的价值导向和规范体系可以在促进社会认同、凝聚社会共同共识方面发挥重要的作用。[②]公民"爱国、敬业、诚信、友善"的文化理念的树立，积极向上的社会心态的形

---

① 杨文炯. 铸牢中华民族共同体意识　建设各民族共有精神家园［J］. 青海民族大学学报（社会科学版），2021（02）.

② 本书编写组. 马克思主义基本原理［M］. 北京：高等教育出版社，2021：119.

成，对于建设"自由、平等、公正、法治"的社会起了很大的推动作用。所以说在一定意义上，文化建设既是推动社会发展的重要手段，也是社会文明进步的重要目标。

在文化建设中，文化多元化建设一直是我国文化建设的工作重点，始终坚持马克思主义的指导地位，注重继承和弘扬优秀传统中国文化精髓，带领全国各族人民开启了中华民族伟大复兴的伟大新征程。中华文化只有既坚守本根，又与时俱进，才能在新时代保持坚定的文化自信，才能更好地培育民族复兴的伟大理想和精神，这是中华儿女的热烈期盼，是实现中华民族伟大复兴的愿望。

四、有助于增强中国国际影响力

当今世界格局已进入到了大发展、大变革和大调整时期，贸易战、新冠肺炎疫情和俄乌冲突更是加剧了这一局势的迅速演变，由此带来"世界多极化、经济全球化、社会信息化、文化多元化"深入发展。改革开放40多年，我国的经济发展取得了令世界瞩目的成就。即使在疫情发生的2020年和2021年，在世界经济出现负增长的情况下，我国仍然实现了经济的正增长。随着经济和科学技术的发展以及新媒体的广泛应用，文化传播和发展的节奏大大加快，各国之间的文化交流日益频繁，这在很大程度上更加助长了文化多元化演化发展的趋势。新时代的文化多元化建设，不仅要注重在文化建设中的"引进来"，增强自身实力，更要注重推动中国文化"走出去"，争取在国际上的话语权，增强中国的国际影响力。

40多年的改革开放使中国各方面均取得了飞速的发展，人民富足，国势日盛，这让中国日益走近世界舞台的中央。随着中国在国际上的地位和影响力的增加，以美国为首的西方国家，开始对中国进行各种肆意歪曲和抹黑，如对新疆人权问题的不实指控，对中国抗疫政策的无端指责，对中国的制度、文化、意识形态进行各种恶意宣传和"污名化"。可见当今世界的文化秩序仍然是以西方发达国家为主导的霸权主义文化秩序，这对发展中国家争取自己的文化话语权，对共建平等包容、交流互鉴的国际文化新秩序都构成了一定的挑战性。因此，我们必须大力推动文化多元化建设，打破西方的"修昔底德陷阱"荒谬理论，进而维护我国的文化安全，对西方的歪曲和攻击进行有理有据的驳斥，这不仅可以推动我国的文化发展，也有助于抵御西方文化霸权，维护我国意识形态安全，增强我国在国际上的话语权，提高中国在国际上的影响力。今天的中国，作为一个负责任的大国，有责任争取中国人民和中华民族正当合法的文化权益，有责任为争取全世界所有民族共建平等包容、交流互鉴的国际文化新秩序做出重要努力。

据《2021年中国国家形象全球调查报告》显示，对于中国的一系列发展理念和国际倡议，海外受访民众均有较高的认可度。其中"依法治国""和平共处"的理念和"亲、诚、惠、容"的周边外交理念，被海外受访者接受的比例最高。同时，中华饮食、中医药和中国武术一直深受海外人士喜爱。中医药作为中华优秀传统文化的杰出代表，被越来越多的各国民众认可，选择中医药作为医疗保健手段，推动了中华医药文化的国际影响力。人类命运共同体的理念，更是进一步阐明了各国之间休戚与共，在文化领域互流互通的理念。

依托国际化合作渠道，中国积极开展了多种多样的文化交流活动，例如孔子学院虽然在最近两年遭受到了西方反华势力的无理打压，但是向世界展示了中国传统文化的魅力，促进了不同文化之间的交流和借鉴。中央电视台推出的《如果国宝会说话》《航拍中国》《讲好中国故事》等优秀的文化纪录片通过多媒体传播平台，向北美、欧洲等200多个国家和地区播放，很好地展现了良好的国家形象，向世界人民展示了中华文化的独特魅力与影响力。坚定不移地将优秀的中华文化品牌推向世界，无疑也是为世界文化发展提供了中国方案。当然，由于西方反华势力的无理干扰，我国的文化传播方式及覆盖范围等还有待进一步拓展和提升。为此，我国要探索多种文化传播方式，让中华文明更好地走向世界舞台，让全世界真正地认识中国、了解中国。

世界文化多元化的发展，应该是国家之间的文化不断交流、碰撞的过程，这既有益于丰富本民族文化，也有益于促进世界文化的繁荣发展，正如习近平所说："文明因交流而多彩，文明因互鉴而丰富。任何一种文明，不管它产生于哪个国家、哪个民族的社会土壤之中，都是流动的、开放的。"① "引进来"，"走出去"，文化相互交流，相互借鉴，才会让世界更加丰富多彩。因此，我国的文化建设应始终保持注重开放的胸怀，积极推动中华文化走向世界，让中华文化在国际上闪闪发光。

第二节　多元化语境中当代中国社会的文化困境

文化作为上层建筑的重要组成部分，在一定程度上反映了经济基础的状况。在文化多元化的背景下，古今中外各种文化精彩纷呈。多元文化势不可挡地进入到我们的生活当中，出现在社会的方方面面。对于进入新时代的中国社会来说，多元文化的形成既是机遇也是挑战。

一、多元文化冲击着社会主流价值观

社会主流价值观作为文化的内核，因其主流文化的强势地位，在社会的发展中具有很强的优势地位。随着多元文化的出现，相伴而生的就是出现了价值体系的多元化。多元的价值诉求，在一定的时期内，冲击着社会主流价值观。习近平总书记多次强调，"理想信念坚定，骨头就硬，没有理想信念，或理想信念不坚定，精神上就会'缺钙'，就会得'软骨病'"②。

---

① 习近平：在纪念孔子诞辰 2565 周年国际学术研讨会暨国际儒学联合会第五届会员大会开幕会上的讲话［N］. 人民日报，2014-09-25.

② 习近平. 习近平谈治国理政［M］. 北京：外文出版社，2014：414.

（一）多元文化中的不良文化现象影响人的价值选择

多元文化语境容易使社会的核心价值观被其他文化所交融碰撞。尤其是进入新时代的社会，互联网信息化时代使多元文化的价值理念更快传播，人的价值理念可以通过虚拟网络实现，网络的魅力让人难以抵御。但由于管理上存在着一定的疏漏，大量的糟粕文化也得以生存和迅速传播。最近几年，文化的"泛娱乐化"现象、文化中的拜金和暴力倾向严重地影响着中国的文化市场。据"2020年度国内社会思潮"统计显示，"泛娱乐主义"思潮影响广泛，在众多社会思潮中位居第四。随着我国文化产业、互联网技术与自媒体的迅猛发展，这种什么都能娱乐、什么都敢娱乐的思潮对我国文化生活产生着日益恶劣的影响，尤其使青年人的思想动态受到严重的裹挟、操纵，人们的社会价值观、社会认知、社会情绪受到严重影响。

这种现象也引起了国际国内学者的广泛关注。截至2022年1月，根据中国知网搜索的结果，学术界关于文化"泛娱乐化"的研究成果可查阅到460篇文章，大多集中在2018年至今。在国外，法兰克福学派最先注意到大众文化的娱乐无度现象，尼尔·波兹曼以文化批评的方式彻底否定了以娱乐为目的的文化，提出了"娱乐至死"的观点。让·鲍德里亚提出"消费社会"理论，指出大众文化是浅薄、庸俗、拜物的。凯尔纳提出"媒体奇观"理论，批判媒体为了追求轰动效应的娱乐无度行为。这些消极的意识对人的心理会产生很大的负面的影响。甚至有一些年轻人可能会沉迷于网游乃至产生网瘾，沉溺在虚拟世界中无法自拔。

（二）多元文化思想冲击社会主义核心价值观培养

社会主义核心价值观内容丰富，"富强、民主、文明、和谐，自由、平等、公正、法治，爱国、敬业、诚信、友善"的社会主义核心价值观涉及国家、社会和公民三个层面。社会主义核心价值观反映了在人的价值取向发展的过程中，人们对价值取向的一种最优选择。新时代的社会主义核心价值观的培育实际上是面对各种价值冲突时的一种最优选择后的认同过程，是对价值的最优鉴别和判断。然而不良文化和非主流的价值观在网络上的传播，再加上一些人的推波助澜，对年轻人主流价值观的认同产生一定的消解的作用。

首先，出现价值取向的偏差与道德理念的滑坡。随着经济的飞速发展，多元文化在给人们带来多元价值取向选择的同时，也弱化了年轻人对社会主义核心价值观的认同，多元文化的新鲜刺激弱化了其理想信念，甚至造成道德是非认知模糊，在思想领域也出现了一系列的道德危机状况。金钱至上的理念导致一部分人为了谋利甚至突破道德底线、坑蒙拐骗、道德败坏，公然做出了违背公民责任与义务的种种卑劣勾当。为此出现了演员、网红等高额的偷税漏税现象，学术、文凭造假现象等，人生观、价值观发生严重扭曲。另外，由于一段时间内对网络新媒体的疏于管理，个人自由主义、历史虚无主义泛滥，出现了各种歪曲、篡改历史的"戏说"甚至对英雄人物的肆意抹黑恶搞现象，只要能够博人眼球，增加流量，就可以获得可观的收入。尤其是最近影响比较大的小学数学教科书插图事件和一些教辅材料低俗事件，归根到底还是价值观出现了问题。"爱国、敬业、诚信、友善"是社会主义核心价值观对公民个人层面的要求，反映了价值取向长期发展过程中，在汲取了传统文化精髓的基础上的一种最优价值选择，是作为一个公民所必须遵守的价值理念。作为一个公民，爱国是必要的一个大前提。敬业、诚信、友善是作为公民的本分，尤其是现在中国进入社会主义发展新阶段，新时代科学的价值理念显得更为重要，然而一系列有悖于社会主义核心价值观现象的背后反映了当下人的思想状况，也反映出了多元文化对社会主义核心价值观培养的挑战和冲击。

其次，出现强认知、弱认同的价值观培养。高校是青年人价值观培养的主要阵地，"〇〇后"年轻人出生和成长在中国社会经济改革发展提速、成就伟大的20年，也是社会矛盾突出、国际形势复杂的20年。这20年中，中西方文化碰撞表现激烈，文化多元化、价值观多元化表现明显。这个时代大背景给"〇〇后"大学生打上了鲜明的烙印，那就是思想上的独立性、多变性、迷茫感、困惑感的明显增强。关于"〇〇后"大学生对社会主义核心价值观认同状况，很多学者作了不同程度不同规模的调查，比较有影响的调查有：桂勇、胡佳丰等"中国大学生社会心态研究"课题组的《当代大学生社会心态调查》（2019）；"上海社科院社会调查中心"《"〇〇一代"青年认知特点、思想方式调查》（2020）；"复旦大学社会治理研究中心"《沪上大学生社会心态调查》（2020）；何安明、翟培培《手机媒体对青少年社会心态的影响及培育机制研究》（2020）。以上为最近两年影响非常大的基于大学生价值观培养方面的调查。基于调查，很多学者从不同的角度展开了分析。杨雄认为新时代大学生群体思想与思想动态存在鲜明的内部个体差异。①李伟认为大学生在网络信息、身体形象以及物质文化等消费过程中的思想动态，一定程度上呈现出显著的娱乐冲动、浮躁虚荣以及焦虑从众的群体征候，具有"混合价值观"特征。②刘博在群体思想动态表达上，认为群体生活方式的圈层化与主观认知的碎片化形成了情绪表达的动力机制。③ 还有的学者在调查的基础上进行大数据采集分析，为培育积极价值观打基础，并通过大学生思想动态反馈来分析教育的有效性，并进行积极的引导。可以看出，学者的研究不仅侧重大学生社会价值观和社会认知层面，更是具体到青年价值观认同层面的研究，并意识到了心理层面的分析和思想层面的积极引导的重要性。基于学者研究的高度重视，我们也可以从另外一个侧面意识到，长期以来我国在核心价值观的培养方面出现了一种强认知、弱认同的状态。

目前，高校普遍进行了针对大学生的价值观培育教育，例如各大学开设"马克思主义基本原理""中国特色社会主义理论概论""思想道德修养""近代史纲要""形势与政策"等政治必修课，并且得到了令人满意的

---

① 杨雄. 当前青年群体社会心态新变化及演变逻辑［J］. 人民论坛，2021（09）.

② 李伟. 消费主义对大学生社会心态的影响及其应对［J］. 河南社会科学，2021（11）.

③ 刘博，董倩倩. 情境结构与动力机制：青年群体社会心态的网络表达［J］. 中国青年研究，2021（10）.

学习成绩。虽然在价值观的认知方面，我们认认真真地做了不少事情，但是学生思想动态的明显差异和混合价值观现象的存在，却让我们仍有必要深入研究其存在的原因，以便更好地去解决问题。究其主要原因，可以看出多元文化的存在，让年轻人有了更多的价值理念的选择，这也恰恰体现了多元文化对社会主义核心价值观培养的冲击。很多人认为社会主义核心价值观处于社会主义意识形态的核心地位，对其他一切意识形态和价值观起着统领、指导和支配的作用，所以对于它的教育更应具有强制性，于是在教育上便表现得较为生硬。可见我们在认知层面虽然认认真真做了，但是在方式方法方面还是有一定的欠缺。事实上，只有建立在大学生对社会主义核心价值观的心理认同基础上的价值体系，其核心地位才名副其实。这种心理认同不是出于对教师点名、考试的顾忌而表现出的表面接受和支持，更不是停留在理论形态的价值体系，而是扎根于大学生的内心深处，表现为发自内心的由衷支持和普遍接受。

我们还应看到，青年人对国家重大活动、国际国内局势表现出了强烈的关注，对国家、对社会也表现出了强烈的责任感，这在最近几年的一些重大事件上表现尤其明显，如奥运会、建党100周年、南海问题、俄乌冲突等都无不充分地体现了这一点。中国在中美贸易战上的奋起反击、中国政府在应对新冠肺炎疫情上交出的满意答卷，让年轻人对社会主义制度的优越性更是感同身受。尤其是改革开放40多年来的伟大成就，无不激励着大学生们的爱国热情。这表明在理论认知和价值认同的中间环节中，社会的大环境和实践活动是起着很大的潜移默化的影响的。与此同时，当今社会上的一些负面现象也会对青年人产生负面的影响，会让他们感到困惑，如腐败问题、贫富差距扩大、就业压力日渐严重等问题，再加上西方思想文化强力渗透等影响，又使得青年人感到无所适从。可见，在多元文化对社会主义核心价值观极大冲击背景下，我们必须重视青年人对社会主义核心价值观由认知到认同的中间环节，才能更好地解决强认知、弱认同的问题。反之，由认知到认同的中间环节我们重视得不够，这样做的结果就是考试过关了，但也还是难以真正做到心悦诚服。

二、多元文化对我国传统文化的冲击

传统文化是一个国家和民族在长期的社会实践中所积淀的物质文明与精神文明的文化遗产，也是民族特有的思维方式的精神体现。文化价值层面的冲突一直伴随在文化的发展过程中，辩证地来看中国传统文化，是精华与糟粕的交织共存，多元文化对传统文化的冲击也恰恰体现着新的时代产生的新问题，体现了历史与现实的交织、理性与价值的碰撞，对于新时代中国人来说，尽管我们经历了一次又一次的价值选择的纠结与彷徨，但是，人们仍须正视这种冲突，并在这种冲突中做出选择。

多元文化对我国传统文化的冲击，更多地体现在对我国传统文化价值的冲击方面。应该说这是一个老问题。环顾世界，文化开放的国度无一不经历这一冲突。尽管在现实生活中我们已很难再找到那种狭隘的民族主义心态，然而在文化的融合与交流中，这一问题仍然要时隐时现地凸显出来，在人们的现实价值选择过程中发挥着作用。进入新时代的中国面临的文化选择，应该是随着中华民族伟大复兴事业的不断推进，在马克思主义的引领下，在西方的文化体系和中国传统文化的碰撞、矛盾和冲突中，选择、培育那些适应时代的发展，能够在中国文化土壤中扎根，同时又剔除了传统文化中消极的文化内容。消化与吸收、否定与发扬，正是中国文化形成的光明大道。

中华传统文化是民族文明、风俗、精神的总称。文化是一个民族的命脉，蓄积着前人的智慧、品格、修养，凝聚着民族文化的理念、气度和神韵。中华优秀传统文化是中华民族历史的结晶，具有历史性和现实性，为我们创新文化提供历史的根据和现实的基础。中华民族拥有5000多年光辉灿烂的文化，对人类文明做出了卓越的贡献。从先秦时期的诸子百家文化到两汉经学，到魏晋南北朝玄学，再到隋唐儒释道和宋明理学等，儒家文化主张的积极进取精神，道家文化主张的顺其自然理念，佛家文化主张的慈爱众生情怀，都具有强大的感召力和吸引力，在世界文化史上影响深远。中华优秀传统文化蕴含的和平发展、公平正义等价值观念；以理服人、以文服人、以德服人的观念更是中华文化的生命禀赋和生存耐性。追求和谐，向往大同，是中华民族的不懈追求。还有中华民族的家国情怀，始终是中华文化最核心的价值追求。可见，不管是春秋战国时期的百家争鸣，还是秦汉时期的大一统思想，或是三国鼎立时期的忠君爱国，或是魏晋南北朝时期的民族融合，乃至唐宋之开放，明清之发展，共同养育了博大精深的中华文化。

当今世界，文化的交锋、交流与交融已成为文化发展的趋势，每一种文明都延续着一个国家和民族的精神血脉。例如有些人认为西方文化重自然，中国文化重精神；中国文化以稳重、平和、和谐为特色，西方文化则以个性鲜明、写实性强为特点；西方文化讲多元化，中国文化重一元化等，还可以举出许多类似的区别。还有的学者认为历经多年的演变，当代中国形成了中国传统文化、西方文化与马克思主义的社会主义先进文化三分天下的格局。

事实上，当代中国文化的繁荣与发展之路绝不是为了探究中西方文化的差异，更不是为了一宗一派之争。西方的文化之路发端于古代的小亚细亚和雅典，随着历史的发展，它在经历了古希腊的辉煌绚丽后又延伸到古代和近现代的欧洲诸国乃至北美。这是一条群星璀璨、挚爱智慧、历久弥新的思想之路。从哲学角度讲，近代西方哲学在与宗教的斗争中，人们越来越关注理性精神与科学精神。他们更加注重理性的、逻辑论证式的思维方式。所以说，西方哲学的主流是理性主义的。当然，西方哲学的发展是曲折多变的，首先经历了古希腊的繁荣时期，到了中世纪的哲学则处于神学压抑下的"奴婢"阶段，到了近现代，哲学又呈现鼎盛之势，一直到后现代时期传统哲学的衰微。在西方哲学的发展之路上，西方哲学的表现形式是不同的。一般来说，西方后现代哲学以反传统著称，传统的理性主义当然也在其反对之列。但是，后现代哲学的基本精神也是理性主义的，因为它是对古代和现代传统所做的理性的批判，其思维方式和表达方式仍然是理性主义的。

中国文化源远流长。随着历史的发展，逐渐形成了以儒释道为主流的文化体系。以伦理道德为核心，是中国传统文化共同的特征，而天人合一构成了中国文化的显著特点。

如今，多元文化对我国传统文化的冲击越来越明显，我们对中华传统文化也需要进一步地批判继承，要和中国当代精神价值相匹配。我们应该清醒地认识到封建社会儒家士大夫阶层的封建思想糟粕。我们要在学习方法上去粗取精，古为今用，因地制宜。"传承"二字，传在前，承在后。只有源远流长的中华优秀文化才会得到更多人的认可。正是因为我们在文化方面的开放包容和兼收并蓄的文化态度，才造就了今日之中国，世界之中国。在对待传统文化的态度上既需要薪火相传，代代守护，更需要与时俱进，勇于创新，接续历史，传承文脉。我们有信心在继承与创新中，在学术自由、兼容并包中大步走向未来。今天，我们在对中华优秀传统文化的寻根与继承上汲取文化营养，让中华优秀传统文化成为年轻人的指路明灯，滋养他们的心灵。

三、多元文化建设自身存在的问题

（一）文化建设机制不健全

随着我国经济建设的不断发展，我国对多元文化的建设也日益加强。文化建设层面取得了很大的成就，但是依然存在着一些问题。主要体现在以下几个方面：

首先，管理方式方法有待改善。政府作为文化体制改革的主要领导部门，担负着统筹文化管理、经营的多重角色。文化部门繁多，管理过程中权责不够分明，导致出现互相推诿、管理模糊的情况；对待文化产业，出现了时而"缺位"、时而"越位"的现象；对文化市场的管理，曾经一度偏重于经济效益，忽视了社会责任。比如对网络平台的疏于管理，对部分网红、主播群体的道德素养、职业操守的监管出现漏洞，造成了学者所提到的"视觉文化"现象。①即在一个文化蓬勃发展的新时代，文化领域出现了视觉转向，例如网络直播因其参与的直观性难度低、即时互动性强等特点更加易于为人所接受，加上监管部门出现的监管的缺位，导致视觉文化的迅速风靡，如抖音火山短视频等传播信息存在着内容混杂、信息混乱，甚至某些短视频为了刺激人的眼球，发散大量低俗文化内容，以赚取流量谋取暴利；再如有些网红为了吸引大众眼球，内容低俗、夸张，甚至大肆恶搞、丑化英雄人物，这些不良内容不仅严重侵害了英雄形象，更严重的是容易造成人们对英雄人物的错误认知，严重危害人的身心健康。还有部分直播消费既给部分青少年家庭带来了经济负担，也严重影响着青少年群体的价值观念和认知思维。

其次，文化市场失衡。当前的文化市场存在着文化投入资金失衡，文化投入资金不到位，国有文化企业与民营文化企业之间地位不平等的现象，不利于文化产业的发展。

最后，相关的法律法规配套不完善。目前，我国的文化产业还处于初步阶段，文化产业的立法不完善，法律体系也不够完善，例如体现在文化产品方面，一方面，人们对文化知识产权的认知不够明确，文化工作者对文化创新的思想认识不到位，人们对文化产权不够重视。另一方面，在法律层面，文化知识产权得不到有效的保护，侵犯专利、商标侵权、著作侵权等纠纷案件屡屡发生。所以，在文化市场中，只有相关的法律法规配套完善，才能具有法律效力地进行监管，才能在文化市场具有强有力的威慑力。

（二）文化建设人才的缺失

马克思认为，人是生产力中最活跃的要素。同样道理，人才是文化发展的主要推动者，随着网络技术的飞速发展，文化建设中人才的作用更为

---

① 傅寒青. 视觉文化视域下网络直播消费对青少年自我认同的围困与破局 [J]. 青少年学刊，2021（06）.

重要。2022年2月25日，中国互联网络信息中心在北京发布第49次《中国互联网络发展状况统计报告》，《报告》显示，截至2021年12月，我国网民规模达10.32亿。由此可见，网络用户基本已经普及。人们在享受网络带来便捷的同时，隐藏的危险也随之而来，健康的网络文化会带来新鲜的视觉体验，但是低俗的网络文化则会严重影响人的身心健康，尤其以美国为代表的西方国家利用发达的网络渗透我国文化领域，利用网络的共享性、开放性大肆输出西方文化价值观念，这种情况下，我国文化人才培养就显得尤为重要。然而我国文化建设人才队伍良莠不齐，后续人才培养不到位，主要表现在：首先，人才创新能力不足。创新文化产业的发展需要人才支持，中华文化的"引进来""走出去"都离不开文化人才的推动，这些年来我国虽然开始重视对文化领域人才的培养，但是我国文化领域的人才创新能力比较低，文化人才创新能力的不足与我国的文化强国建设发展不平衡，阻碍了文化建设进程。其次，文化人才队伍培养机制不健全。人才的培养是一个长期复杂的过程，需要消耗大量的时间和资金，目前我国文化建设人才培养过程中存在着培养经费不足、专业人才培养机构参差不齐、培训时间短等很多问题。最后，基层文化人才队伍参差不齐。中国社会主义进入新时代，基层文化队伍建设进行了大量工作，人才队伍也不断壮大，但是专业人才队伍建设仍然存在很大问题。例如，大多数乡村文化人才专业性不够强，从事文化工作的人才结构失衡，偏老龄化现象严重。文化观念比较落后，基层文化建设中创新性文艺作品匮乏，文艺作品中低俗、媚俗、粗俗的现象仍然存在，具有时代感的正能量的作品匮乏，满足不了人们的精神文化需求等。

第三节　多元化语境中当代中国社会的文化选择

长期以来，我国一直非常重视马克思主义在意识形态领域的指导地位，党的十八大以来，这个问题更是被放到了关系到国家命运的高度上来。尤其是当今世界正经历百年未有之大变局，我们更应毫不动摇地坚持马克思主义对文化的指导地位。当然，对于各种文化思潮我们也不应采取拒斥的态度，对于马克思主义，我们同样也不应采取强行灌输的方式。理性的做法是，在现代视野的观照之下，辩证地看待东西方文化的关系，以辩证法的视角扬其精华，弃其糟粕，在东西方文化的深入对话中，创新方法，求得发展。同时注重在传承中国传统文化过程中，植根于中国传统文化的沃土，进而深入揭示马克思主义及其内在价值，只有这样，才能更好地弘扬伟大中国精神，凝聚中国力量，实现中华民族伟大复兴。

一、坚持马克思主义对文化的引领，引导文化路向选择

翻开历史我们会发现，不管是东方还是西方，任何一个国家要想强大都必须有自己的主流意识形态，从而凝聚社会共识。当代中国在国际上的政治经济地位日益提高，中国人民也正在实现自己的伟大复兴之梦，在此关键时刻，发挥马克思主义在文化领域的引领作用至关重要。

（一）从文化遇合的视角看马克思主义对文化的引领

美国著名的政治学家塞缪尔·亨廷顿曾经在他的论著《文明的冲突与世界秩序的重建》中阐述了未来世界的冲突已经由意识形态的冲突转向文明的冲突，其中以中国文化为代表的东方文化与西方文化的冲突表现得更为明显。其实，东西方文化尽管各有不同，但是，不管是东方还是西方，人类有共同的天性，也面临共同的问题，虽然提出和解决问题的方式不同，理论表现不同，但是人类智慧的表达和人对价值的追求却是共同的。如人们对美德的表述中，西方有亚里士多德"中道"即美德的表述，也有辩证法大师黑格尔的"适度"原则，东方则有孔子的"中庸之道"，也有宋明理学在"天理与人欲"之间寻找张力的苦苦追寻。虽然表述方式不同，但是殊途同归。因而，只有首先真正了解不同文化的个性与特殊性，才能归纳其共性与普遍性，进而有相互对话、相互理解与吸收、融合的可能。

今天，我们除了理解中西方文化的特色及其发展走向，更要有现代的问题意识，不回避现实社会存在的各种问题。从人性的角度看，虽然关于人性的解读在中国主要有"性善论"与"性恶论"，在西方则主要体现为"性恶论"，但是不容忽视的是他们都有一个共同的本性，那就是马克思在《关于费尔巴哈的提纲》中所说的，人的本质属性在其现实性上，它是一切社会关系的总和。既然人离不开社会，那么，不管是在东方还是西方，人都要适应这个社会，都要遵循社会的基本原则，也要有每个社会的主流价值追求。西方文化重视人的智慧（哲学被喻为爱智之学）、理性，而中国文化重视人的情感、德性，重修心、养性。殊途同归，各具特色，没有好坏、是非之别。

事实上，当代中国文化的繁荣与发展之路绝不是为了究寻中西方文化的差异，更不是为了一宗一派之争，从大发展、大变革、大调整的背景上讲，当今的中国文化走向并不拒斥一切有价值的东西。

（二）从文化的发展视角看马克思主义对文化的引领

马克思主义引领文化思潮"就是怎么样认识和处理好社会意识、思想文化的多样性和指导思想的一元化的关系问题"①。

首先，从历史的角度看，马克思主义的引领作用，是中国人民的自主选择。回顾历史，我们可以知道，马克思主义在中国的传播发展进而到主导地位，是中国历史转折关头的选择，是中国人民的自主选择。鸦片战争以后，无数仁人志士思强国良策，谋彻底摆脱困境之良方，对于各种流行于中国的西方思潮，如社会改良主义、实用主义等，都做过尝试，但它们都没能救中国于水火。俄国十月革命后，马克思主义在中国得到了广泛的传播，并表现出了强大的生命力，这种强大的生命力体现在马克思主义具有的鲜明的科学性、人民性、实践性、发展性，这些特征体现了马克思主

---

① 李理. 以马克思主义引领多样化的社会思潮：访中国社会科学院学部委员、中国历史唯物主义学会会长李崇富［J］. 上海党史与党建，2010（08）.

义的本质和使命，也展现出马克思主义的理论形象。马克思主义的科学性是指"马克思主义是对自然、社会和人类思维发展本质和规律的正确反映。它是在社会实践和科学发展的基础上产生的，并在自身发展过程中不断总结实践经验，吸取自然科学和社会科学发展的最新成就"①。马克思主义的彻底的人民性体现在"过去的一切运动都是少数人的，或者为少数人谋利益的运动。无产阶级的运动是绝大多数人的，为绝大多数人谋利益的独立的运动"②。马克思主义的实践性和发展性，表明了马克思主义在实践中接受检验，并随着实践而不断地向前发展。马克思主义也是一个不断自我完善和发展的学说，具有与时俱进的理论品质。正因如此，马克思主义适合了中国的革命斗争形势，并指导中国人民走出压迫，奔向光明。

其次，从发展的角度看，马克思主义的引领作用，是因为其批判继承的辩证思维。马克思主义传入了中国，并且与中国具体实际相结合、与中华优秀传统文化相结合，从而形成了中国化的马克思主义，毛泽东思想、邓小平理论、"三个代表"重要思想、科学发展观和习近平新时代中国特色社会主义思想，就是马克思主义中国化的理论成果。中国化的马克思主义在文化建设上既植根于中国传统文化，又批判地继承西方文化中合理的因素，去粗取精，去伪存真，在每一个历史时期，它都会努力地加强自身的建设，最大限度地凝聚社会共识。比如党的十八大报告中，首次提出了社会主义核心价值观，提出了"富强、民主、文明、和谐，自由、平等、公正、法治，爱国、敬业、诚信、友善"的理念，从国家、社会、个人三个层面进行正面引领。它既汲取了中国传统文化和西方文化的精髓，又体现了时代的发展与社会的进步。为此，习近平总书记在全国宣传思想工作会议讲话中特别提到在各种文化相互碰撞的今天，我们要"坚持古为今用、洋为

---

① 本书编写组. 马克思主义基本原理［M］. 北京：高等教育出版社，2021：10.

② 中共中央马克思恩格斯列宁斯大林著作编译局. 马克思恩格斯文集. 第2卷［M］. 北京：人民出版社，2009：42.

中用，去粗取精、去伪存真，经过科学的扬弃后使之为我所用"①。可见，文化既有继承性又有发展性，文化的继承与发展必将会随着思想的传播而突破一切地域的限制，马克思主义的批判继承的特点也必将使它永葆生机与活力，进而发挥它在文化领域的引领作用。

最后，从现实的角度看，马克思主义的引领作用"对于加强社会主义核心价值体系建设，培育和践行社会主义核心价值观，培养合格建设者和可靠接班人，营造良好的思想文化氛围，促进文化繁荣和学术发展，具有十分重要的意义"②。以高校为例，坚持马克思主义在文化领域的引领作用，一方面要继续做好对马克思主义的认知性教育；另一方面，要关注大学生对马克思主义的心理认同，"当代大学生对马克思主义的认同是指当代大学生在正确理解马克思主义基本理论精神实质的基础上，能够从内心理解和接受马克思主义的核心思想，在行动上则表现为躬行践履其基本要求"③。由认知到认同过程有很多方法可以选择，其中广大的隐性课堂尤其是网络就是一个很好的平台。现在的大学生几乎无人不网，尤其是手机已经成为不可或缺的工具，所以网络上的正面引领不可被忽视。

成功的引领，从来不拒斥一切有价值的东西，而是必须在理论教育、文化反思中切实结合大学生思想实际并密切关注现实，进而观照人的心灵。

二、传承中华优秀传统文化，消解多元文化挑战

党的十九届六中全会通过的决议指出："习近平新时代中国特色社会主义思想是当代中国马克思主义、二十一世纪马克思主义，是中华文化和中国精神的时代精华，实现了马克思主义中国化新的飞跃。"④这一论断表明

---

① 习近平在全国宣传思想工作会议上的讲话［N］.人民日报，2013-08-19.

② 郝立新.让马克思主义理论学科领航发展［N］.光明日报，2015-01-22.

③ 胡雨霞，徐晶，陈彦超.提高90后大学生对马克思主义认同度的思考［J］.沈阳工业大学学报（社会科学版），2012（03）.

④ 习近平.习近平谈治国理政（第4卷）［M］.北京：外文出版社，2022：1.

了传承和弘扬好中华优秀传统文化的重要意义，也体现了党对待中华优秀传统文化的思想提高到了一个新的高度。传承中华优秀传统文化是中华民族能够屹立于世界民族之林的重要根基。

（一）中国传统文化的内涵是精华与糟粕并存的。我们要用辩证的思维发扬其精华，弃其糟粕。

其精华部分可以概括为：

首先，自强不息的进取精神。《易经》有"天行健，君子以自强不息"，是指天的运动永远强劲。君子应该像天一样，力求进步，发愤图强，永不停息。人的思想观念都要不断地进步。一切靠自己的努力，要自强。人生当自强。正是在这种精神鼓舞下，中国人形成了追求真理、不畏强敌、迎难而上、视死如归的民族性格。人的一生总会遇见挫折磨难，但是只要我们足够坚强，便会让自己成长起来。人生之中唯有自强不息，勇敢向前，方可走出一条光明大道。

其次，修养德性和人际协调。从先秦诸子百家经两汉到宋明理学，都看重一个"和"字，"和"作为一个重要的理念贯穿着中国文化的发展之路，对"和"的追求也贯穿自然、个人、社会、国家各个领域，"和"成了个人的生活理想，也是处理人与人、人与社会关系的伦理原则。

再次，集体本位和天下为公。主张以公为上，私要服从公，反对假公济私。这一点，我们和西方的价值观不一样，西方是以个人为出发点和落脚点，都是强调个人利益。古代的先贤提倡大公无私，公而忘私，先公后私，对集体主义与爱国主义教育是有进步意义的。天下兴亡，匹夫有责，爱国是每个人义不容辞的责任。

最后，"天人合一"的自然意识。天人合一主要是指人与自然之间的一种紧密联系和和谐统一的状态。万物之间都是相互依存、相互制约、相互联系的。人只有和自然之间建立和谐的关系，方能共同维护宇宙的平衡。这是人类追求和谐、平衡和顺的一种理念。

（二）传承中华优秀传统文化，树立社会主义核心价值观

在多元文化挑战的今天，尤其是国际形势日益严峻的今天，传承中华优秀传统文化，凝聚全国共识，树立社会主义核心价值观是消解多元文化挑战的重要途径，核心价值观对某个民族或是社会群体的思想建设起着主导性作用。同时，核心价值观是经过长期的社会实践积淀而成，具有一定的稳定性。对于中华民族来说，优秀传统文化意义深远。以儒家思想为例，儒家思想是中华民族思想建设的基石，历代中国人都是在儒家思想的传统理念下成长，并形成了以儒家思想为核心价值观的传统理念。在博大精深的儒家文化里，蕴含着丰富的修身治国的思想，此种思想传承了数千年，对于当代人的自身修养与树立社会主义核心价值观仍然起着重要作用。

首先，以"仁"为本的民本思想。儒家思想的核心理念是以"仁"为本，在"仁者爱人"的基础理论下，以"仁爱"为核心价值观的儒家"民本"思想是"仁"的具体体现。民本思想起源于殷周时代，《尚书·五子之歌》有云"民惟邦本，本固邦宁"，后来简化为"民本"一词。《尚书注疏》卷六有云：言人君当固民以安国，能畏敬小民所以得众心。这说明殷周时代的思想家们已认识到了固民与固国之间的关系。

儒家将这种民本思想进一步丰富、发展为"重民轻神""重民轻君""重稷轻君"的意识。"重民轻神"的意识的积极意义表现为对远古先民的敬鬼神思想的背叛。在远古农耕时代的先民的意念中，"天"是一个有时空性质的自然概念，也是神鬼的一种具象化，先民认为自己生命里的一切均在天地鬼神的掌控之中，时空中可以感知的一切客观存在物体都是神的意志的体现，而神鬼是一切自然现象后面的不可感知力量。所以，《诗经·玄鸟》有"天命玄鸟，降而生商"的记载，说明商的先祖契的降生是来自于天命，《诗集传》卷十九解释此句云："契母简狄有娀氏之女，为帝喾次妃，见玄鸟堕其卵，而吞之因孕生契。"因此，商祖契是其母踩玄鸟蛋而生，所以契为上天之子，他的统治权是"天权神授"，契便具有法定的统治权，民众必须臣服于其威力之下，也就是对神鬼之力的臣服。而在儒家的"重民

轻神"的思想之下，"民"与"神"的位置颠倒了，民众成了国家的主宰，在人与神的关系上表现为"贵人轻神"，"神的意志"被孔子视为"怪力乱神"，人的地位提升，民众真正有了治国的发言权，成为国家的基础。

孟子将民本思想进一步概括为"民为贵，社稷次之，君为轻"的治国方略，后世学者将其简称为"民贵君轻"，这种说法是对"重民轻神"思想的进一步发展，是天、君、民的位置的重新排序。孟子不但要把民众放置于鬼神的位置之上，更要放置于国君与社稷之上，在孟子的这种理念指导下，所提升的是民众的政治地位和积极治国的意识，也使统治者充分认识到"得人心"才是治国之基础，要努力为民众谋福利，从而杜绝残害民众的做法。

而"重稷轻君"则是民本思想的进一步具体化，汉代的"民以食为天"理论的提出，将粮食与国家社稷的稳定联系在了一起。粮食及人类生存所需的生产资源，是维系人类生命的必需品，因此，"稷"作为粮食及一切生存资料的代称，其地位被排在了国君的前面。只有"稷"的充足，才有"民"的生存保障，才有国家之根本的稳固。所以，儒家的"民以食为天"理念正是民本意识的进一步细化深化，把民之"天"定为"食"而不是"君"，就是对远古"天"的意识的改变，是对自然界的一种更加唯物主义的认知，也是对"神权"意识的进一步颠覆。

其次，儒家的积极进取的思想。在儒家"仁"的精神之下，儒家学者积极提倡建设高尚的社会环境，传递人类精神的正能量，以达到天下大同、仁义忠信的理想社会。孔子及其他儒家先哲们也看到实现这种社会目标的艰巨性，故《论语》有云："士不可以不弘毅，任重而道远，仁以为己任，不亦重乎，死而后已，不亦远乎？"[①]《孟子·告子上》云："鱼我所欲也，熊掌，亦我所欲也，二者不可得兼，舍鱼而取熊掌者也。生亦我所欲

---

① 杨伯峻. 论语译注 [M]. 北京：中华书局，1980：80.

也，义亦我所欲也，二者不可得兼，舍生而取义者也。"①于是在奔向这条"大同世界"的路途上，就需要一种积极进取的精神，来支撑着人类对未来的探索。故儒家的核心价值观里就提倡一种积极进取的精神，《易经》有"天行健，君子以自强不息"，是儒家积极的处世态度的起源，《子夏易传》卷一解释此句云："健而不息，天之运也。自强而成德者，君子之事也。""君子以自强不息"就成了儒家的人生态度的核心理念，为此，孔子提倡"学而不厌，诲人不倦""发愤忘食，乐以忘忧，不知老之将至""一箪食、一瓢饮"的学习态度，以及"朝闻道，夕死可矣"的求索精神，在孔子的成功学里，他认为事在人为，一切成功皆取决于自己的努力。君子要有坚毅刚强的意志，再结合积极而主动的进取精神，把握生命，把握时光，"往者不可谏，来者犹可追"，积极地克服人生路途上的各种艰难困苦，最终抵达人生的理想境地。

在孟子的学说里，仍有着积极的人生态度，孟子云："舜，何人也？予，何人也？有为者亦若是。"《孟子精义》卷五解释此名句："人之性无不善，盖无有闻善而不信者也。苟能自信，何患不至乎？"孟子此语是对人本性向善的力量的充分肯定，也是对人类本质的充分肯定，于是生命的正能量得到充分的阐述，追求更高远目标的积极心态由此确立。荀子则用一连串精彩的比喻来阐述积极的人生态度，他相信人类可以用主动的态度去争取更大的生存空间，人类可以通过对客观条件的利用产生出更大的能量，人与天的积极配合是成事之必需。荀子以宏大的气派指出："大天而思之，孰与物畜而制之？从天而颂之，孰与制天命而用之？……故错人而思天，则失万物之情。"②唐代的荀子研究专家杨倞注释此句云："物之生虽在天，成之则在人也。此皆言理平丰富在人所为，不在天也。若废人而妄思天，虽劳心苦思亦无益也。"荀子的此种理念可以看成是对孟子的"舜，何人

---

① 孟子［M］．北京：北京燕山出版社，2009：225．

② 蒋南华．荀子全译［M］．贵阳：贵州人民出版社，1995．

也？予，何人也？有为者亦若是"的理论的发挥，荀子认为人的力量是无限的，也是可以战胜大自然的，而人类却因为自愿地匍匐于自然威力之下，才使自己失去了争取空间的机会，故在荀子的"人定胜天"的理念之下，人类要用一种豪迈无畏的态度与自然抗争，用勇毅和恒心去战天斗地，故荀子有云："道虽迩，不行不至；事虽小，不为不成"，"骐骥一跃，不能十步；驽马十驾，功在不舍。锲而舍之，朽木不折；锲而不舍，金石可镂"，正是对人类积极进取精神的歌颂。

最后，深远的忧患意识。所谓忧患意识，是指人类对各种可能到来的灾难的心理准备，忧患意识使人类对客观环境保持高度警觉，对各种可能性进行预测、展望和谋划，并做出相应的防范与对策，以便把损失减少到最低程度。忧患意识引发的是人类对生命的责任感和对未来的盼望，因此，忧患意识的本质是"居安思危"，即所谓"安而不忘危，存而不忘亡，治而不忘乱"和"生于忧患，死于安乐"，它是在儒家"仁"的核心理念之下产生的人生哲学。

儒家学者在积极的进取精神里，又融入了深远的忧患意识，表现出儒家科学的人生态度和全方位的人生把握。因此，儒家主张"人无远虑，必有近忧"，古人已意识到"远虑"与"近忧"之间存在着哲学上的关联，意识到人类那些对未来生活的盲目行为，必然会导致对现存的客观条件的破坏，或者是未来精神层面上的缺失，因此发生自然灾难或人为灾难的可能性会更大一些。所以，忧患意识是一种防微杜渐的先知先觉，是一种生存智慧和政治智慧。忧患意识中既包含了对物质生活的忧患意识，也包括了精神层面上的忧患意识，在物质方面的忧患意识，体现为"节用""爱民"上，孔子认为统治者如果有爱民意识的话，应当缩减自己的物质欲望，并要以"君子学道则爱人"的治国方略，努力地减少对百姓的役使，做到"节用而爱人""使民如承大祭"，才能得到民众更多的拥戴，减少失去民心的可能性，这就是一种忧患意识的表现。①

儒家学者所忧虑的不仅仅是个人物质利益的贫乏，还包括民众精神方面的缺失。故孔子有云："德之不修，学之不讲，闻义不能徙，不善不能改，是吾忧也。"孔子所担忧的此四者，都是属于精神建设方面的内容，却恰恰是孔子最担忧的事情。在这里，儒家学者把更多的目光投注到关心民众的精神生活方面，因为这种精神建设，直接关联到社稷的安危和民族文化的延续，也是一个国家文明程度的标志。只有在高尚的道德追求和完善的品德之下，民众才能"仓廪实而知礼节"，从追求物质上升为追求精神，民众心中的目标更加远大，社会发展的空间也就更加宽阔。换言之，民众精神层面上的缺失所带来的损失，其对社会发展产生的负面影响并不小于自然灾害所带来的损失，因此，儒家学者对民众精神方面的忧患，一点也不小于对物质方面的忧患。

综上所述，儒家思想中优秀的传统文化理念，概括为颠覆神权意识的民本思想，积极求索的人生态度以及"生于忧患，死于安乐"的忧患意识。在儒家"重民轻神""民贵君轻"的民本思想下，民众只有摆脱了压在头上的神权和王权，从精神上站立起来，真正成为国家政权的参与者，才会有主人翁的精神面貌和更强的凝聚力，才会满怀热情地去做国家利益的守护者。而积极求索的人生态度使民众可以自强不息地完成道德追求与知识的追求，忧患意识又使人高瞻远瞩，树立更加远大的社会目标，所以儒家的核心价值观的理念，对于新时代的中国人树立社会主义核心价值观有着积极的意义。

传承中华优秀传统文化，是建设社会主义文化强国的前提和基础，习近平总书记提到"中华文化独一无二的理念、智慧、气度、神韵，增添了中国人民和中华民族内心深处的自信和自豪"。中华文化包含着优秀的传统理念，这些理念对社会主义核心价值观的树立具有重要的作用。因此，充

---

① 杨伯峻. 论语译注［M］. 北京：中华书局，1980.

分挖掘中华传统文化精髓，弘扬其内在精神，并与时代精神相结合，体现了中华文化的魅力，增强了新时代中国人对社会主义核心价值观的认同。

三、弘扬伟大中国精神，凝聚中国力量

（一）中国精神内涵及发展

任何一个民族都有自身的文化特色，中华文化是中华民族的"根"与"魂"，在新时代文化建设的过程中，中国共产党始终坚持从中华文化中汲取精华，凸显民族特色与民族精神，进而彰显了中华文化的独特魅力。中国精神是一个与中华民族共生的话题，古已有之。自古以来，随着时代的变迁，人们对其研究的角度有所不同。在古代，中国精神植根于博大精深的中国传统文化之中，在思想的多个层面有所体现，但是更多地体现在以国家利益至上为核心的民族精神的层面，如范仲淹在《岳阳楼记》一文中，抒发了"先天下之忧而忧，后天下之乐而乐"的情怀，就是把国家、民族的利益摆在首位；岳母刺字"尽忠报国"更是直接表达了爱国主义思想。

近代中国饱受西方列强欺凌，人们对中国精神的研究是在反思与救国的层面进行的，唤醒民众，民族觉醒，成为重塑中国精神的主要内容。梁启超在《中国魂安在乎》一文中首次提出"中国魂"一词，提出"今日所最要者，则制造中国魂是也"。呼唤民众在中华危难之际注重民族觉醒与国家认同。新文化运动则是通过文化革命的方式深化对中国精神的理解。新中国成立以来，马克思主义与中国社会主义革命、建设、改革开放和社会主义现代化建设实践紧密结合，人们对中国精神的研究角度也更加广泛。总体来说，新时代的中国精神强调以爱国主义为核心的民族精神与以改革创新为核心的时代精神的重构。2013年，习近平系统阐述了中国精神的内涵，将中国精神与中国梦紧密联系，将民族精神和时代精神纳入中国精神的体系当中，系统完整地提出了中国精神的概念，这成为中国精神研究的

一个新的生长点。①习近平指出："实现中国梦必须弘扬中国精神。这就是以爱国主义为核心的民族精神，以改革创新为核心的时代精神。这种精神是凝心聚力的兴国之魂、强国之魄。"②习近平在中国共产党第十九次全国代表大会所作的报告中进一步指出，要"更好构筑中国精神、中国价值、中国力量，为人民提供精神指引"③。

（二）中国精神培育的必要性

重温经典，审视现实，经典的光辉与现实的严峻都在提醒我们，新时代的青年应该有远大的理想和担当的魄力，这样的国家才能有前景，民族才会有前途。个人追求理想的高度决定着中华民族未来发展的高度，个人坚定信念的程度影响着中国特色社会主义事业发展的进度。

首先，凝聚中国力量，树立国家观念。马克思主义国家观作为马克思主义基本理论中非常重要的一部分，随着时代的发展而不断地充实其理论内容。马克思从研究国家和市民社会的关系开始，通过对黑格尔法哲学的批判，形成了市民社会决定国家的理论，并在此基础上建立了历史唯物主义思想体系。在历史唯物主义的论述中，马克思提出了社会存在决定社会意识，社会意识具有相对独立性等经典的论述。论述中特别强调了国家观念作为社会意识是公民的社会价值观念。它必然不能脱离一定时期的社会存在状况，如一定阶段的社会经济状况、社会阶级状况和国际形势的状况。同时，它作为一种内省的社会价值观念，也有其相对的独立性，对社会存在产生着能动的影响力。列宁亲手缔造了第一个社会主义国家，深知苏维埃政权的来之不易，所以反复强调国家观教育，并且明确指出"提高群众的政治觉悟是摆在第一位的任务"。他号召人民"要像保护眼珠一样保

---

① 魏泳安. 中国精神研究述评 [J]. 社会科学动态，2018（10）.

② 习近平. 习近平谈治国理政 [M]. 北京：外文出版社，2014：40.

③ 习近平. 决胜全面建成小康社会，夺取新时代中国特色社会主义伟大胜利：在中国共产党第十九次全国代表大会上的报告 [N]. 人民日报，2017-10-28.

护我们国家和我们红军的防御能力"①。

毛泽东、邓小平等老一辈无产阶级革命家在中国新民主主义革命、社会主义革命和建设、改革开放和社会主义现代化建设的过程中，对马克思主义国家观学说在坚持的基础上进行了有效发展和创新。党的十八大以来，为了实现中华民族伟大复兴的历史使命和中国人民对美好生活的追求，以习近平同志为核心的党中央提出了总体国家安全观，进一步丰富和发展了马克思主义国家学说。

新冠肺炎疫情的影响和国际局势的日益紧张，将是我国的发展经历异常艰难的时期，但这也必将是涅槃重生实现民族复兴的时期，在这一伟大的历史时刻，弘扬中国精神，凝聚社会共识，就是要让每一个中国人都能感受到：虽然我们国家当前面临着外有国际反华势力的不断施压、内有改革开放步入深水区后的重重困难，但是我们国家的发展步伐并未放缓，做到这一切实属不易。在这个问题上，如果绝大多数人能够明辨是非，明确自身的责任，这对于确保新时代中国特色社会主义事业蓬勃发展无疑是至关重要的。

其次，适应时代发展，创新人才培养。党的十九大宣布我国已经进入了中国特色社会主义新时代，我国的发展也引起了世界各国的普遍关注。然而，面对中国的飞速发展，一些国家明显是怀有很大敌意的，如何搅乱中国的发展步伐，也成了这些国家的重要战略。最近几年，一些国家竭力遏制我国高新科技领域的发展势头，试图阻止我国由工业制造向工业创造的转型发展，就是它们反华政策的一项具体内容。因此，新时代在赋予我们机遇与荣耀的同时，也赋予了我们新的责任与使命。

人是生产力诸要素中最为活跃的灵魂性的要素，未来综合国力的竞争，当以人才竞争为首。青年学生走出校园奔赴各个岗位的前提是具备对国家的认同感，拥有坚定的国家观念。所以，当前思想政治教育面临的任

---

① 列宁全集. 第42卷［M］. 北京：人民出版社，1972：339.

务不仅仅是德育准确在场，更应该积极应对，理论上反思存在的问题，实践上完成积极而有效的设计规划与布局，培养具有中国精神的新时代青年。

（三）培育中国精神，凝聚中国力量

首先，认知层面，注重培育中国精神。以高校为例，高校的思政课程承担着高校德育的主要任务，当然也承担着对大学生进行中国精神培养的任务。国家把思政课程列入各个专业中并将其作为必修课程，说明国家对大学生立德树人的培育目标是非常明确的。但是从培养的实操情况来看，存在着中国精神培养流于形式，学生培养更侧重专业技能的实用主义的现象。一方面专业技能的培养关乎学生的就业情况和学校人才培养的质量，另一方面关乎每一个学生的个人入职和今后职业生涯的发展，大学生也从内心意识到只有具备专业素养的技术人才，才会使自己在未来激烈的职业竞争中获胜。基于此，无论是学校层面还是学生层面，均在认知的过程中把专业技能作为学生培养的重要内容。

相比而言，由于中国精神的培养无法满足学校和学生的短期内功利性需求，所以培养过程显得更为随意与形式化，部分高校在校生认知层面培养上并不能把专业技能和精神素养的培育并重，更不注重二者的融会贯通，互相促进，从而严重忽略了学生精神素养培育的积极作用，中国精神培养工程中的深度和广度完全依赖于授课教师的专业素养和爱国情怀。基于此，有的学者痛心疾首地呼吁高校不能培养精致的利己主义者，人才培养的大前提是培养学生有责任感与担当意识，要胸怀祖国、牢记使命。

其次，认同层面，注重中国精神培育的融合渠道和整体设计。人的价值理念的认同过程，是通过自己的价值判断和自主选择，接受自己所认同的价值观的教育内容，并将其与自己原有的认知结构、价值体系融为一体，引起内在心理和思想的矛盾运动及其转化，进而形成自己的思想观念、内心信念和行为反应模式的过程。这是一个由认知到认同，教育由教化到主体内化的一个过程。无论是从心理学还是教育学的角度看都是一个非常复杂的过程。一方面它要求教育内容具有一定的社会意义与个人意义，另一方面它要求人的心理认知结构，同时教育内容的表达方式也应让人易于接受。目前，学校的思政课堂无论在授课过程还是考核过程中，重点突出的均是学生对理论认知的结果，而不去关注学生的心理认同状态。

所以，认同层面对教育者与教育环境的综合要求是非常高的，既需要教师在整个教育环节上进行整体布局，又需要学校各相关部门的融合沟通。这个体系应该是环境与人结合，课内课外结合、线上线下结合、必修选修结合等。目前高校缺乏对学生进行中国精神培养方面的整体设计，仅仅依靠部分教师自觉地做这件事情是远远不够的。

最后，实践层面，注重中国精神实践培育。学校是直接能对庞大数量的学生进行集中思想教育和引导的场所，宣传和培养方面的效果也最为明显。因此，学校在中国精神培育方面要给予足够的重视，并将其融入到实践中去。

改革开放四十多年来，中国在各个方面均取得了举世瞩目的成就，中国实践的发展为中国精神增添了新的内涵，也为中国精神培养提供了很好的实践的素材。目前，由于受思政课课堂教学的时间和空间限制，教师很难引导学生真正融入到实践中去，让他们在各项实践活动中检验理论、锻炼自我、增长见闻，增强他们的社会责任感和为人民服务的意识，从而实现自觉地把爱国情怀转化为刻苦学习的动力，所以存在着教学与实践的严重脱节。

最近几年，学校思政课分出了专门的实践学时，其目的也正是想达到课堂上认知、实践中认同进而内化的效果，但是从实践的过程及效果来看，依然存在着很大的局限性。例如校外实践素材不能够被很好地利用，很少有学校能够系统地组织学生有意识地参加校外的实践活动，学生的社会调查报告流于形式，缺乏真正的参与感悟等。就校内实践来看，隐性课堂仍然有很大的空间可以挖掘利用，例如微媒体的利用，重大事件发生时相关微博、微信的及时推送，校园相关公众号的建立及关注等。当然，从校外实践现状看，有的学校走出了坚实的一步，但是多数学校，学生很难真正走出校园，于社会实践中去感受祖国的变化，明确青年的责任，领悟国家富强与自身发展的密切关系，校外实践和校内实践没有有效结合。

中国现在处于一个至关重要的战略挑战和机遇并存的时期，学校的思政课应该切实结合社会经济发展和国家战略需要，更加有效地把"课程思政"和思政课程结合起来，上好大思政课。这样才能在思想上建立起牢固的防线，有意识地增强大学生对国家的认同感，树立坚定的国家观念，进而培养中国精神。这是当前我们的教育特别是思想政治教育的重要课题，当然也是我国文化建设中培育中国精神的一个重要问题。

任何一个国家和民族的强盛都建立在强大的文化软实力的基础上。中国共产党始终坚持从中华文化中汲取精华，保持民族特色，体现中国精神，彰显了中华文化的独特魅力，体现了文化自信。中国是有着优秀的文化传统的文明大国，中华文化能够经久不衰，正是因为中华文化的博大的胸怀和鲜明的民族特性。中国精神的培育，更能增强广大人民对国家和社会制度的信任感和信念感，进而激发爱国主义情怀，凝聚中国力量。

参考文献

一、著作类

1. 中共中央马克思恩格斯列宁斯大林著作编译局. 马克思恩格斯文集. 第1卷［M］. 北京：人民出版社，2009.

2. 中共中央马克思恩格斯列宁斯大林著作编译局. 马克思恩格斯文集. 第2卷［M］. 北京：人民出版社，2009.

3. 中共中央马克思恩格斯列宁斯大林著作编译局. 马克思恩格斯文集. 第3卷［M］. 北京：人民出版社，2009.

4. 中共中央马克思恩格斯列宁斯大林著作编译局. 马克思恩格斯文集 第8卷［M］. 北京：人民出版社，2009.

5. 中共中央马克思恩格斯列宁斯大林著作编译局. 马克思恩格斯选集. 第1卷［M］. 北京：人民出版社，2012.

6. 中共中央马克思恩格斯列宁斯大林著作编译局. 马克思恩格斯选集. 第3卷［M］. 北京：人民出版社，2012.

7. 中共中央马克思恩格斯列宁斯大林著作编译局. 马克思恩格斯选集. 第4卷［M］. 北京：人民出版社，2012.

8. 中共中央马克思恩格斯列宁斯大林著作编译局. 马克思恩格斯全集. 第2卷［M］. 北京：人民出版社，1965.

9. 中共中央马克思恩格斯列宁斯大林著作编译局. 马克思恩格斯全集. 第3卷［M］. 北京：人民出版社，2002.

10. 中共中央马克思恩格斯列宁斯大林著作编译局. 马克思恩格斯全集. 第25卷［M］. 北京：人民出版社，2001.

11. 中共中央马克思恩格斯列宁斯大林著作编译局. 1844年经济学哲学手稿［M］. 北京：人民出版社，2000.

12. 中共中央马克思恩格斯列宁斯大林著作编译局. 马克思恩格斯全集. 第30卷［M］. 北京：人民出版社，1995.

13. ［德］马克思. 德意志意识形态（节选本）［M］. 北京：人民出版社，2003.

14. 中共中央文献研究室. 毛泽东文集. 第7卷［M］. 北京：中央文献出版社，1999.

15. 中共中央文献研究室. 毛泽东文艺论集［M］. 北京：中央文献出版社，2002.

16. 中共中央文献编辑委员会. 毛泽东选集. 第2卷［M］. 北京：人民出版社，1991.

17. 中共中央文献研究室. 建党以来重要文献选编（1921～1949）. 第15册［M］. 北京：中央文献出版社，2011.

18. 中共中央文献研究室. 建国以来重要文献选编. 第8册［M］. 北京：中央文献出版社，1994.

19. 中共中央文献研究室. 建国以来重要文献选编. 第9册［M］. 北京：中央文献出版社，1994.

20. 中共中央文献研究室. 建党以来重要文献选编（1921～1949）. 第19册［M］. 北京：中央文献出版社，2011.

21. 中共中央文献研究室. 建党以来重要文献选编（1921～1949）. 第21册［M］. 北京：中央文献出版社，2011.

22. 中共中央文献研究室. 建党以来重要文献选编（1921～1949）. 第22册［M］. 北京：中央文献出版社，2011.

23. 中共中央文献编辑委员会. 邓小平文选. 第2卷［M］. 北京：人民

出版社，1994.

24. 习近平．干在实处 走在前列：推动浙江新发展的思考与实践 [M]．北京：中共中央党校出版社，2018.

25. 习近平谈治国理政．第一卷 [M]．北京：外文出版社，2018.

26. 习近平．习近平谈治国理政 [M]．北京：外文出版社，2014.

27. 习近平．论党的宣传思想工作 [M]．北京：中央文献出版社，2020.

28. 本书编写组．马克思主义基本原理 [M]．北京：高等教育出版社，2021.

29. 张岱年，方克立．中国文化概论 [M]．北京：北京师范大学出版社，2001.

30. 谢晓娟．文化多样性与当代中国软实力建设 [M]．北京：人民出版社，2015.

31. 冯天瑜．文化守望 [M]．武汉：武汉大学出版社，2006.

32. 中国孔子基金会．儒学与二十一世纪 [M]．北京：华夏出版社，1996.

33. [法] 费尔南·布罗代尔．资本主义论丛 [M]．顾良，张慧君，译．北京：中央编译出版社，1997.

34. [加拿大] D. 保罗·谢弗．文化引导未来 [M]．许春山，朱邦俊，译．北京：社会科学文献出版社，2008.

35. [英] 马修·阿诺德．文化与无政府状态 [M]．韩敏中，译．北京：生活·读书·新知三联书店，2002.

36. [美] 杰姆逊．后现代主义与文化理论 [M]．唐小兵，译．西安：陕西师范大学出版社，1986.

37. [美] 约翰·费斯克．理解大众文化 [M]．王晓珏，宋伟杰，译．北京：中央编译出版社，2001.

38. [德] 卡尔·雅斯贝斯．文明的起源与目标 [M]．魏楚雄，俞新天，译．北京：华夏出版社，1989.

39.［德］奥斯瓦尔·德斯宾格勒. 西方的没落［M］.齐世荣，田农，译. 北京：商务印书馆，1963.

40.［英］阿诺德·汤因比. 历史研究［M］.郭小凌，王皖强，等，译. 上海：上海人民出版社，2016.

41.［美］塞缪尔·亨廷顿. 文明的冲突与世界秩序的重建［M］.周琪，等，译. 北京：新华出版社，2002.

42.［德］H. G. 伽达默尔. 真理与方法［M］.王才勇，译. 沈阳：辽宁人民出版社，1987.

43.［美］雷吉斯·麦肯纳. 时间角逐［M］.周华公，译. 北京：经济日报出版社，1998.

44.［英］雷蒙·威廉斯. 文化与社会［M］.吴松江，等，译. 北京：北京大学出版社，1991.

45. 杨伯峻. 论语译注［M］.北京：中华书局，2009.

46. 庄祖鲲. 契合与转化：基督教与中国传统文化之关系［M］.西安：陕西师范大学出版社，2007.

47. 沈卫星，李晓枫，云德. 受众视野中的文化多样性［M］.北京：北京师范大学出版社，2010.

48. 朱效梅. 大众文化研究：一个文化与经济互动发展的视角［M］.北京：清华大学出版社. 2003.

49. 唐凯麟，高桥强. 多元文化与世界和谐：池田大作思想研究［M］.北京：人民出版社，2008.

50. 邓世安. 西方文化的诊断者：史宾格勒［M］.台北：允晨文化实业公司，1982.

51. 费孝通. 费孝通文集. 第14卷［M］.北京：群言出版社，1999.

52. 袁行霈. "中华传统文化百部经典"之郭齐勇解读《礼记（节选）》［M］.北京：科学出版社，2020.

53. 钱伯城. 古文观止新编［M］.上海：上海古籍出版社，1992.

54. 李秀林，王于，李淮春. 辩证唯物主义和历史唯物主义原理［M］. 北京：中国人民大学出版社，1995.

55. 邹广文. 当代中国大众文化论［M］. 沈阳：辽宁大学出版社，2000.

56. 潘知常，林玮. 大众传媒与大众文化［M］. 上海：上海人民出版社，2002.

57. 陈刚. 大众文化与当代乌托邦［M］. 北京：作家出版社，1996.

58. 姚文放. 当代审美文化批判［M］. 济南：山东文艺出版社，1993.

59. 陶东风. 大众文化教程［M］. 桂林：广西师范大学出版社，2008.

60. 陆扬. 大众文化理论［M］. 上海：复旦大学出版社，2008.

61. 王忠武. 论二十一世纪中国大众文化的发展方向及其控制［M］. 东岳论丛，1999.

62. 金民卿. 文化全球化与中国大众文化［M］. 北京：人民出版社，2004.

63. 车文博. 弗洛伊德主义原著选辑［M］. 沈阳：辽宁人民出版社，1988.

64. 孟繁华. 众神狂欢：世纪之交的中国文化现象［M］. 北京：中央编译出版社，2003.

65. 萧琛. 全球网络经济［M］. 北京：华夏出版社，1998.

66. 蒋南华. 荀子全译［M］. 贵阳：贵州人民出版社，1995.

67. 杨伯峻. 论语译注［M］. 北京：中华书局，1980.

二、期刊类

68. 冯天瑜. 关于"文化"与"文化史"的思考［J］. 湖北大学学报（哲学社会科学版），1988（05）.

69. 陶水平. 马修·阿诺德与英国现代文化批评学科的先声［J］. 中国中外文艺理论研究，2015（10）.

70. 王一川. 理解中国"国家文化软实力"［J］. 艺术评论，2009（10）.

71. 杨艳伶. 跨族际视阈下藏族作家的西藏叙事 [J]. 西南科技大学学报（哲学社会科学版），2019，36（02）.

72. 周妍. 城市传播理念与路径研究 [J]. 当代传播，2012（03）.

73. 张鑫. 文化多样性的马克思历史哲学解读 [J]. 重庆科技学院学报（社会科学版），2021（6）.

74. 谢晓娟. 文化多样性影响下的思想政治教育考量 [J]. 学校党建与思想教育，2012（03）.

75. 石爽，邵明虎，卢明宇. 谈中国文化传统与当代大学生教育 [J]. 教育教学论坛，2019（07）.

76. 费孝通. 从反思到文化自觉和交流 [J]. 读书，1998（11）.

77. ［韩］李洪九. 世界化与社会保存 [J]. 国外社会科学，1995（06）.

78. 苏俊霞. 孔子的中庸思想解读 [J]. 齐鲁学刊，2014（03）.

79. 杨光斌. 作为世界政治思维框架的文明范式：历史政治学视野的《文明的冲突与世界秩序的重建》[J]. 学海，2020（04）.

80. 张劲. 人类命运共同体视域下大学生的价值观培育 [J]. 重庆科技学院学报（社会科学版），2022（03）.

81. 马晓明，谌颖. 人类命运共同体伟大构想的价值内涵探析 [J]. 哈尔滨学院学报，2022（04）.

82. 赵甲明. 大众文化给精神文明建设提出的课题 [J]. 社会科学辑刊，1997（03）.

83. 邹广文，常晋芳. 当代大众文化的本质特征 [J]. 新华文摘，2002（02）.

84. 李庆霞. 当代中国大众文化对传统日常生活的影响 [J]. 社会科学战线，2014（08）.

85. 杨桃源，周大平. 1994 年中国文化走势 [J]. 瞭望新闻周刊，1995（21）.

86. 孙丽君. 文化产业背景下大众文化产品价值观构建流程及其引导策

略 [J]. 山东社会科学，2021（02）.

87. 石义彬，吴世文. 我国大众传媒再现和建构中国文化身份研究：基于数字传播和全球传播环境的思考 [J]. 当代传播，2010（09）.

88. 闫恒，伍志燕. 大众文化对我国主流意识形态的影响及应对 [J]. 河南理工大学学报（社会科学版），2021（04）.

89. 杨青. 试析大众文化的特点、负面效应及其对策 [J]. 唐都学刊，2001（04）.

90. 刘建军. 聚力乡村文化建设 助推乡村振兴战略 [J]. 乡音，2022（05）.

91. 王慧姝，张洪玮. 以乡村文化振兴乡村内生动力 [J]. 中国社会科学，2020（01）.

92. 寇佳丽. 全国人大代表冉慧：做好乡亲们的代言人 [J]. 经济，2022（04）.

93. 刘宏. 海南三亚中廖村：文化旅游+美丽乡村建设 [J]. 世界旅游联盟秘书处，2019（11）.

94. 左兰. 农村公共文化供需矛盾何解 [J]. 人民论坛，2019（03）.

95. 吴继轩，闫宏强，赵子茹. 习仲勋廉政建设思想研究述评与思考 [J]. 中共桂林市委党校学报，2021（12）.

96. 杨少敏. 浅谈加强农村文化建设的必要性 [J]. 魅力中国，2018（31）.

97. 刘丽娜. 推动乡村文化振兴的对策建议 [J]. 奋斗，2021（05）.

98. 朱启臻. 乡土文化建设是乡村振兴的灵魂 [J]. 河南农业，2021（03）.

99. 敖永春，周晓萍，马鑫. 中国共产党乡村文化建设的百年变迁及展望 [J]. 决策与信息，2021（12）.

100. 官长春，李想，罗金华. 全域乡村旅游目的地以"合作社+"为载体的数字治理新模式研究 [J]. 山东农业工程学院学报，2021（07）.

101. 马梅. 提高乡村社会文明程度 大力推动乡村文化振兴 [J]. 理论

导报，2022（03）.

102. 门献敏. 关于推进乡村文化振兴的若干关系研究［J］. 理论探讨，2020（02）.

103. 王慧姝，张洪玮. 以乡村文化振兴乡村内生动力［J］. 中国社会科学，2020（01）.

104. 毛伟，朱祥磊. 新时代乡村公共文化服务供给体系的优化策略［J］. 云南行政学院学报，2020（02）.

105. 郭鹏. 文化产业赋能乡村有了着力点［J］. 民生周刊，2022（04）.

106. 汪信砚. 全球化中的价值认同与价值观冲突［J］. 哲学研究，2002（11）.

107. 李庆华，奚彦辉. 试论"认同"在大学生思想形成中的作用［J］. 思想政治教育研究，2009（05）.

108. 杨文炯. 铸牢中华民族共同体意识 建设各民族共有精神家园［J］. 青海民族大学学报（社会科学版），2021（02）.

109. 杨雄. 当前青年群体社会心态新变化及演变逻辑［J］. 人民论坛，2021（09）.

110. 李伟. 消费主义对大学生社会心态的影响及其应对［J］. 河南社会科学，2021（11）.

111. 刘博，董倩倩. 情境结构与动力机制：青年群体社会心态的网络表达［J］. 中国青年研究，2021（10）.

112. 傅寒青. 视觉文化视域下网络直播消费对青少年自我认同的围困与破局［J］. 青少年学刊，2021（06）.

113. 李理. 以马克思主义引领多样化的社会思潮：访中国社会科学院学部委员、中国历史唯物主义学会会长李崇富［J］. 上海党史与党建，2010（08）.

114. 胡雨霞，徐晶，陈彦超. 提高90后大学生对马克思主义认同度的思考［J］. 沈阳工业大学学报（社会科学版），2012（03）.

115. 魏泳安. 中国精神研究述评［J］. 社会科学动态，2018（10）.

116. 杨仲山. 基于网络经济认识的核算方法研究——解析网络时代

GDP的有效性［J］．财经问题研究，2006（02）．

三、其他

117．陈永华．大学生文化自信研究［D］．沈阳：辽宁大学，2019．

118．陈桓辉．文化强省战略研究［D］．北京：中共中央党校，2010．

119．王连晶．基于可持续发展的文化多样性问题研究［D］．哈尔滨：哈尔滨理工大学，2011．

120．张渴欣．马克思主义文化观视域下新时代乡村文化建设研究［D］．沈阳：沈阳工业大学，2021．

121．齐新．新时代乡村文化建设研究［D］．哈尔滨：东北农业大学，2020．

122．第48次中国互联网络发展状况统计报告［R］．北京：中国互联网络信息中心，2021-08-27．

123．习近平．决胜全面建成小康社会 夺取新时代中国特色社会主义伟大胜利：在中国共产党第十九次全国代表大会上的报告［N］．人民日报．2017-10-28．

124．习近平在全国宣传思想工作会议上的讲话［N］．人民日报，2013-08-19．

125．十九大后首调研习近平花30元买村民手工香包："捧捧场"．人民日报客户端，2017-12-13．

126．中共中央、国务院关于推进社会主义新农村建设的若干意见［N］．中华人民共和国农业部公报，2006-02-20．

127．李炎．特色文化产业：乡村振兴的新动能［N］．北京：中国文化报，2022-04-09．

128．杨智．发挥农民主体作用 激发乡村振兴活力［N］．广西日报，2022-03-03．

129．杨丽敏．文旅融合赋能乡村振兴［N］．北京：中国旅游报，2022-

04-08.

130. 人类命运共同体为世界指明前进方向 . 人民网-人民日报海外版，2021-07-05.

131. 魏鹏 . 让乡土文化育新风润生活［N］. 光明日报，2021-11-29.

132. 科技：更具有革命性推动力量［N］. 光明日报，2000-09-24.

133. 郝立新 . 让马克思主义理论学科领航发展［N］. 光明日报，2015-01-22.

134. 鲁小亚，刘伟 . 繁荣乡村文化 推进乡村振兴［N］. 光明日报，2020-04-24.

135. 张红宇 . 以更有利举措加快发展乡村产业［N］. 经济日报，2022-06-17.

136. 肖良武 . 持续增强城乡发展协调性［N］. 贵州日报，2019-12-18.

137. 葛晨虹 . 以孝文化建设推动城乡发展［N］. 孝感日报，2018-09-15.

138. 肖良武 . 城乡融合发展要着眼短板重点发力［N］. 经济日报，2019-11-26.

139. 金元浦 . 定义大众文化［N］. 中华读书报，2001-07-26.

140. 皮磊 . 鼓励行业协会及公益力量积极参与文化产业赋能乡村振兴［N］. 公益时报，2022-04-12.

141. 于丽 . 大力推动乡村文化振兴［N］. 四平日报，2020-11-06.

142. 苏锐 . 山东宁阳：乡土艺术迎来时尚设计［N］. 中国文化报，2021-08-16.

后　记

　　本书是2021年辽宁省社会科学规划基金项目"乡村振兴背景下辽宁人才培养策略研究"（L21BGL041）的阶段性研究成果。写作过程中，作者参阅了大量中西方文化相关方面的著作和文献资料，经过对文化多元化发展现状和人们文化生活样态的调查，运用马克思主义的立场和观点，通过对当今社会文化现状的分析和把握，提出对我国发展文化，加强社会文化多元建设的观点和主张。

　　本书在历经3年多的研究基础上，由康洁、胡雨霞、刘冬雪共同编写完成。具体分工情况是：第一章、第三章和第五章由康洁执笔，约10万字；第二章、第四章部分内容和第六章由胡雨霞执笔，约10万字；刘冬雪编写第四章部分内容并提供了相关资料。

　　本书写作过程中，得到相关部门和各位同事朋友的真诚帮助，在此表示感谢。由于水平有限，研究涉及内容繁多，错误在所难免，还望专家学者批评指正。

2023年2月